与最聪明的人共同进化

HERE COMES EVERYBODY

湛庐 CHEERS

U0671981

过程
决定成败

The Process Matters

[美] 乔尔·布罗克纳 著
(Joel Brockner)
王培 译

浙江人民出版社
ZHEJIANG PEOPLE'S PUBLISHING HOUSE

你真的了解过程吗？

---

1. 关于过程，人们有哪些误解？

   ☐ 只要过程公正，不用在意结果　　☐ 可以真戏假做

   ☐ 过程的品质会影响人们选择是否按照合乎伦理的方式行事

   ☐ 高品质过程能让员工不介意糟糕的结果

2. 以下哪些是构成公正过程的要素？

   ☐ 一致性　　☐ 准确性　　☐ 偏见抑制　　☐ 令人满意的结果

3. 自我完整性的三个方面是？

   ☐ 身份感　　☐ 掌控感　　☐ 挫败感　　☐ 自尊感

4. 下列说法中正确的是？

   ☐ 处理好过程很复杂，而且需要投入很多有形的资源

   ☐ 做了什么固然重要，但做的方式同样重要

   ☐ 人们常常把过程处理得很好，做到以正确的方式行事

   ☐ 过程的品质与接受者的感受无关

5. 各类过程都涉及对行为伦理的讨论。人们会做出违背伦理的行为，更常见的
   一个原因是？

   ☐ 本身缺乏道德感　　　　　　　☐ 受到了某种刺激

   ☐ 处于自我损耗状态导致自控力降低　　☐ 心中的负能量太多

6. 工作规划在一个高品质过程中非常重要。工作规划的三种方式是?

☐ 改变自我认同边界 ☐ 改变人际关系边界

☐ 改变任务边界 ☐ 改变对工作的认知边界

7. 员工在哪一种状态下工作动机最强?

☐ 没有目标 ☐ 有一个困难但并不具体的目标

☐ 有一个具体但并不困难的目标 ☐ 有一个具体又有难度的目标

8. 在变革过程中以一种高品质的方式呈现愿景,需要做好哪些工作?

☐ 所有人都往同一个方向前进 ☐ 愿景的方向正确

☐ 创造紧迫感 ☐ 所有人达成共识

在结果至上的时代，
为什么更应该关注过程

你能否看出以下两种情况有什么相似之处：

（1）约翰为一家大型投资银行工作。他的工作环境总是充满压力，然而这一次，他感到压力更大。公司已经连续几个季度业绩表现糟糕。在最近一次会议上，老板对他和他的团队下了死命令：业绩必须比上季度至少提高15%。让约翰感到焦虑不安的是，老板临走前还扔下一句话："我不关心你们怎么实现目标，我只关心结果。"

（2）一天晚上，我回到家时已经很晚了。我刚参加完哥伦比亚大学面向全校师生举办的投篮比赛。我对比赛结果感到很满意。在50个参赛选手中，我的成绩与另一个人并列第一（25个球，投进了22个）。按照规定，我需要与另外那个第一名比一轮加时赛，结果那个选手在加时阶段赢了我，最终我获得了第二名。第二天吃早饭的时候，年龄在5到11岁之间的我的3个儿子问我比赛情况如何。我决定把它当作一个教育孩子的好机会，因为在我看来，人生还有比输赢更重要的东西。于是，我告诉他们，我在比赛中竭尽全力，非常享受整个过程，对了，顺便说一句，在50个选手中我得了第二名。我的儿子们却立刻让我大失所望："所以，老爸，你输了啊！"他们几乎同时叫喊起来。

乍一看，这两种情况似乎完全不同。但它们有一个值得注意的共同点：人们过于关注结果。实际上，很多我们熟悉的话语在无意中强调了对结果的重视，比如"至少要做到……"，或者"今天下班前要做到……"。千万别误会我的意思，我们的确应该关注结果。显然，我们都喜欢成功，而不是失败；喜欢赢，而不是输；喜欢赚更多的钱，而不是更少的钱。但问题在于，我们过分重视结果，以致忽视了实现方式，即过程的重要性。

过程处理得如何对决策的执行者而言至关重要。你只需要问问美国全国广播公司（NBC）主持《今夜秀》（*The Tonight Show*）节目多年的杰·雷诺（Jay Leno），就会明白这一点。2009年，美国全国广播公司决定用柯南·奥布莱恩（Conan O'Brien）取代雷诺，雷诺感到很不满。为什么呢？是因为在雄踞深夜节目收视率榜首多年之后，雷诺对电视台不与他续约感到愤怒吗？还是60岁的雷诺因被比他小10~15岁的年轻人取代而感到失落？很难说真正的原因是什么，但最近，他在回应自己被比柯南·奥布莱恩更年轻的吉米·法伦（Jimmy Fallon）取代时的一席话 [1] 道出了真相。如他自己所说："这一次与上一次的区别在于，我是否参与了决策过程。上一次我没有参与整个过程，有一天我刚到单位上班，就突然得知被解雇了。而这一次的感觉好多了。"

---

[1] 柯南·奥布莱恩没主持多久，杰·雷诺又重返《今夜秀》。直到2014年，他才被吉米·法伦取代。——译者注

令杰·雷诺感到满意的原因可能是，在做出人事调整和公开宣布之前，美国全国广播公司首席执行官史蒂夫·伯克（Steve Burke）与雷诺本人进行了沟通。正如伯克在沟通之后所说："显然，我们的目标是实现平稳过渡。雷诺在我们公司效力了 20 年，做出了巨大贡献，值得被尊重"。美国全国广播公司高管团队的另一个重要成员，《周六夜现场》（*Saturday Night Live*）的创始人洛恩·迈克尔斯（Lorne Michaels）也表示赞同："对于这一过渡，至关重要的是，要悉心照顾到每一个当事人的感受。这是一个透明的过程。"而吉米·法伦的一席话也有助于过渡的顺利推进："我对雷诺充满了敬意，如果没有他，我不可能接手这样一个节目。"[1]

杰·雷诺的例子阐明了本书的三个核心观点：

◎ 我们可以看到，对于同样的决策，过程处理得好不好，杰·雷诺的反应是完全不同的。正如那句古老的箴言所说，你做了什么固然重要，但你做的方式同样重要。

◎ 处理好过程并不复杂，比如，让员工参与决策，尊重员工，使过程公开透明，这些都不是高深的问题，而且处理好过程并不需要投入很多有形的资源。对杰·雷诺而言，他需要的只是公司的一些关键人物真心尊重他，而这花不了多少时间或金钱。

◎ 鉴于过程至关重要而处理好过程并不复杂，你可能会认为，人们常常把过程处理得很好。然而，令人遗憾的是，事实并非如此。

因此，我将用整本书来探讨，为什么以正确的方式行事至关重要。它对员工的工作效率和士气，对长期表现不佳的学生的成绩，对我们的行为方式，甚至对我们的自身感受都有着积极的影响。杰·雷诺的例子绝非个案。我还将探讨，如何才能以正确的方式行事。让杰·雷诺对决策过程感到满意的那些因素只是故事的一部分，还有很多其他因素构成了整个高品质过程。我还会回答那个令人困惑的问题：为什么人们没能经常做到以正确的方式行事？毕竟，如果处理好过程很轻松容易，又有着如此积极的影响，难道人们不应该经常做到这一点吗？那么，没能做到的症结在什么地方呢？只有明确了症结所在，我们才能找到解决的办法，才能通过以正确的方式行事获得诸多益处。

我将在本书中探讨一系列场景，在这些场景中，有两个或多个行为主体进行互动，或者彼此具有关系，他们想要完成某项任务，或者实现某个目标。我提供的这些案例大多来自职场，比如，员工是如何对他们所在组织的合并或收购等重大变革做出反应的。我还会探讨更微观的职场情景，比如员工与上司之间的一对一互动。本书的内容还与拥有权力地位的人有关，比如父母、教育工作者和政治家。此外，行为方式的重要性还适用于我们的人生经历和那些对我们而言很重要的关系（家人、朋友）。

在所有这些场景中，行为主体 A 对行为主体 B 施加了一个行为，在行为主体 B 看来，这一行为既包括了"做什么"（结果），也包括了"怎么做"（过程）。比如，一家企业决定采纳一项新的战略计划，缩减业务规模。或者，一个上司就一个下属最近的工作表现做出评价。或者，在更私人的层面，一个妻子为下一次的家庭旅行制订计划。在所有这些例子中，基于行为主体 A 的行为，行为主体 B 可以很好地预测其结果。显然，行为主体 B 越是认为结果很好，他的反应就会越好。比如，行为主体 B 会拥抱组织变革，会支持上司的工作，会赞同妻子安排的行程。

在所有这些场景中，行为主体 A 同样也参与到过程，即行为方式之中。比如，在检视员工表现时，老板所采用的方式可能是自上而下的，只考虑他自己的看法，但他还可以采用更开放的评价方法。如果他所在的组织采用了"360度"反馈法，他可能就会考虑该员工的平级同事或直接下属的评价，甚至是员工本人的评价。此外，老板在检视员工表现时，还应该表现出对下属成长的关心，比如，老板应该按原定时间实施评价，而不是一再推迟和重新安排时间。妻子如何回应丈夫提出的度假建议，则取决于她是否相信丈夫的建议是及时的，或者丈夫是否认真倾听了她对建议的反馈。

在企业发生变革的阶段，行为过程对员工而言尤为重要。无论变革的性质如何，是缩减还是扩大业务规模，为了让员工拥抱变革，行为过程都需要符合一些共同特征。在后面的章节中，我会详细阐述如何管理好变革的过程。就当前而言，我们只需要知道，通往结果的过程比结果本身更重要。

"过程 + 结果"与"过程 × 结果"

你可能听说过"雪上加霜"这个成语。它提醒我们，除了结果，我们还应该关注过程。有时候，我们不喜欢某个结果（一个糟糕的结果：积雪），与此同时，我们也不喜欢导致这一结果的决策方式或沟通方式（一个糟糕的过程：降霜）。当二者同时发生时，我们通常会感到很不满。比如，一个朋友取消了我期待已久的聚会（糟糕的结果），而且他事先没有通知我，我给他打电话确认聚会时间时才知道这一情况（糟糕的过程），那么我就遭受了双重打击。这种感受通常比"雪上加霜"更糟糕。很多研究显示，糟糕的结果如果还伴随着糟糕的过程，它给人们带来的感受可以用一个更准确的词来表达，那就是"雪上乘霜"。通常，两个数的乘积（比如，3×3）大于这两个数的和（3+3）。因此，如果糟糕的结果带来了3个单位的痛苦，而糟糕的过程也带来了3个单位的痛苦，那么一个人感受到的痛苦不是6个单位，而是9个单位。以药理学作类比有助于我们理解这个问题。当医生给病人开了一款新药（药品 A），医生会建议病人观察该药与他正在服用的另一款药（药品 B）可能发生的化学反应。或许分开来看，药品 A 和药品 B 都没有问题，但如果二者被同时服用，就可能产生毒副作用。与之类似，我们对糟糕结果叠加糟糕过程的感受，就好比同时服用了能产生剧毒的两种药物。[2]

无论是用"雪上加霜"还是"雪上乘霜"来描述糟糕的结果叠加糟糕的过程，对行为过程的感受都会影响到员工和雇主的切身利益。比如，在职场中，过程会影响员工的工作动机，而这种动机是由几种因素构成的。工作动机类似于矢量，同时具有方向和数量。工作动机被激发的员工会做某些工作，而不是另一些（方向）；同时，他们还会在这些工作上付出更多的努力（数量）。

有一项权威研究清楚地表明了过程是如何影响动机的方向和数量的。该研究发现，比起以下几种员工状态：

◎ 没有目标；

◎ 有一个困难但并不具体的目标；

◎ 有一个具体但并不困难的目标；

当工作目标既具体又有难度的时候，员工的工作动机会更强，工作效率会更高。[3]假设你在读一本书，发现进度落后了，决定在某个晚上赶上进度。你为自己设定了一个颇有挑战性的目标：读完 60 页。接下来会发生什么呢？尽管你可能没有读完 60 页，但仍可能比你不设定目标，或者设定一个很有难度但并不具体的目标（比如"读得越多越好"），或者设定一个具体但很轻松的目标（比如"只读 30 页"）要读得更多。为什么一个具体而有难度的目标会产生这种效果呢？首先，目标提供了方向。如果目标是读 60 页书，那么你就很清楚自己需要做什么：阅读。阅读之外的其他事情都无法实现这一目标。用《高效能人士的 7 个习惯》一书的作者史蒂芬·柯维（Steven Covey）的话来说，如果你一开始就知道目标是什么，你就更容易知道，自己是否在做有助于实现目标的事情。

人们注意力很容易分散的场景之一是坐在电脑前工作。很多时候，当我坐在电脑前，我的确想要在某个颇有挑战性的目标上取得进展，比如写作本书（注意，"取得进展"是一个困难但并不具体的目标）。然而遗憾的是，在电脑前工作很容易让我去做其他事情。比如，有时我会对自己说，查看完电子邮件就开始写书。那之后，几小时过去了，我常常发现自己已没有兴趣再做最开始想做的事情了。如果我将这个困难的目标设定得更具体一些，比如"写完 5 页"，我就更有可能完成任务。为什么会这样呢？因为我知道如果在查看邮件上花费过多时间，就与我设定的具体目标冲突了。简而言之，一个具体而有难度的目标提供了行为的方向，使人不容易偏离前进的航向。

具体而有难度的目标还会影响我们努力的程度。当我们发现自己正朝着目标前进时，这种影响就会出现。我们越是认为自己在趋近目标，就越会朝目标付出更大的努力，这种现象被称为"目标梯度效应"（goal gradient effect）。你肯定有过在银行排队办理业务的经历。越是快轮到你的时候，你越觉得时间难熬。为什么呢？因为你正在体验"目标梯度效应"：越是接近目标，你实现目标的动机越强，还没有实现目标的痛苦也就越强。

当然，有时我们可能没有在实现目标方面取得进展。我们可能设定了读完 60 页的目标，但 2 小时后发现自己只读了 5 页，这也许是因为我们分心了（比如查看邮件）。在这种情况下，负面反馈也有可能会刺激我们加倍努力。设定目标是前提，只有在设定了具体的目标并获得行为反馈的时候，我们才能知道距离目标还有多远，而获得反馈又会促使我们更加努力。

具体而有难度的目标会影响我们的行为（方向）和努力的程度（数量），高品质过程同样如此。贯穿全书，我们将会探讨过程的品质是如何影响动机的方向和数量的，比如，行为方式会影响人们选择是否按照合乎伦理的方式行事（方向）。过程的品质还会影响员工付出多大的努力，去推进实现组织的目标（数量）。

什么是高品质过程

如果你认同高品质过程的重要性，那我们现在就来描述高品质过程的特点。当人们说"过程处理得很好"时，他们想表达的确切含义是什么呢？埃伦·兰格（Ellen Langer）[①]和朱迪斯·罗丁（Judith Rodin）曾在一家养老院做过一个现场实验，该实验表明，我们可以用几种方式来描述高品质过程。实验刚开始时，养老院管理员以一种温暖而友好的方式告诉所有老人，他们将在养老院得到医护人员的悉心照料。

然后，老人们被随机分成两组，一组是高自主组，一组是低自主组。被分到高自主组的老人被告知，他们将自主决定如何在养老院生活，而被分到低自主组的老人被告知，养老院的医护人员将时刻照看他们，并替他们做决定。比如，每一组的每个人都会得到一盆植物，此外，所有人都被告知，接下来的一周，他们可以在两个晚上中的某一晚观看一部电影。医护人员询问了高自主组的老人是否想要栽培一盆植物（所有人都愿意），并告诉他们可以自行决定如何栽培，同时，医护人员还让他们自行决定哪个晚上看电影。而

---

① 埃伦·兰格是美国心理学家，积极心理学奠基人之一。其作品《专念》《专念学习力》《专念创造力》（浙江人民出版社）已由湛庐文化策划出版。——编者注

低自主组的老人直接被分到一盆植物（医护人员没有征求他们的意愿），并被告知医护人员将替他们照看植物，此外，他们还被告知，哪一天观看电影也要由医护人员来决定。

你可能会认为，医护人员对待两组老人的不同方式并不会对老人产生很大的影响，毕竟，管理员曾经说过，医护人员想让他们感到开心。高自主组的老人可以自己做某些决定，而同样的事项，低自主组的老人要由好心的医护人员来替他们决定。然而，不同的对待方式，效果却完全不同。从短期来看（3周后），高自主组的老人明显比低自主组的老人更开心、更活跃、更机敏。从长期来看（18个月后），高自主组的老人仍然保持了活跃度和机敏度，相比低自主组的老人，他们的健康状况更好，死亡率更低。[4]

当人们拥有自主权时，决策过程的品质会更高。这有两方面原因，本书将逐一探讨。一方面，这与过程因素有关。比如，高自主组老人得到的信息是，他们能够而且应该对自己的生活拥有更大的自主权，低自主组老人却没有得到这一指令。另一方面，这与决策过程接受者的感受有关。比如，高自主组老人比低自主组老人对自身环境有更强的掌控感。无论是哪一种原因，正如我们在杰·雷诺离开《今夜秀》的例子中所看到的那样，过程的细微差异都会带来巨大的影响。

过程的特征

管理学中被广泛研究的一个领域是组织公正，它是指员工是否感受到被雇主公正对待，以及产生这些感受的原因和结果。初期研究表明，员工通常是基于结果的分配来评价公正与否的。[5]比如，在很多情况下，只有奖励或薪酬与自己做出的贡献相匹配时，员工才会觉得受到了公正对待。但新近的研究显示，员工既关心结果分配的公正，也很关注决策过程的公正。[6]不过，这又提出了另一个问题：人们对于看起来公正的过程会有怎样的感受呢？我会在下一章探讨这个问题，现在让我们先来看几个过程不公正的例子。某家全球资产管理公司计划裁员，员工在事先没有得到通知和解释的情况下，被要求离开公司。更糟糕的是，公司不允许被裁员工返回公司道别。这些员工是在下班后收到裁员消息的，并且被告知第二天不得再到公司，他们的个人物品将由公司寄还给他们。有个员工接到电话时正在医院的诊室里，打电话过来的不是她的上司，而是行政助理。

我们再来看看另一个类似的例子：

对芝加哥的一些员工而言，一切就像万圣节的恶作剧。然而，直到他们周六赶到公司上班时才发现，这一恶作剧竟然是真的：据《印第安纳西北时报》（*The Times of Northwest Indiana*）报道，公司是用机器人电话（Robocall）通知他们已被解雇的——机器人电话用程序化的自动拨号机传递事先录好的信息，听上去就像是机器人在说话。员工在周五接到电话，他们被告知，公司已经不再需要他们，从现在起，他们失业了。该报道还称，尚有几十个员工处于失联状态，一些接到电话的员工则认为这是个恶作剧。然而，他们第二天到了公司才发现，自己的出入证已失效。保安表示，他们已经被解雇了。

几天后，公司对这件事做出了"解释"："作为企业经营的一部分，我们暂时调整了芝加哥装配厂的工人数量，大约 90 个工人被裁掉。只要企业有需要，我们将尽快让这些工人重返工作岗位，就像我们以前所做的那样。我们并不经常使用机器人电话告知工人被解雇。这次之所以使用它，是因为裁员是暂时的。我们希望他们尽快返回岗位。"[7]

在另一个例子中，一家总部位于欧洲的保险公司误将解雇通知发给了

1300 名员工，但实际上，该通知只是写给某一个员工的。这封电子邮件告诉 1300 名员工，公司不再需要他们效劳了。对于如此重要的消息，公司本可以做得更人性化，让某个员工，最好是受被解雇者尊重的员工去告诉他。此外，这封误发邮件还严肃警告员工不要忘记对公司的"义务"，比如，不得泄露公司运营、制度、客户等方面的机密信息。邮件末尾是公司高管写给被裁员工的一句话："我想利用这个机会向你致以谢意，并衷心祝愿你未来一切安好。"

为了挽回声誉，公司很快向 1299 名员工发送了第二封电子邮件，向他们解释这一错误并致歉。但如果你是 1299 名员工中的一员，当你知道你的公司选择以这样一种方式告知员工被解雇，你会怎么想？丢掉工作已经够痛苦了，裁员的过程就不能做得更公正一些吗？这真是"雪上乘霜"啊！[8]

接受者的感受

看待过程的品质，还有另一个维度。它与决策接受者的感受有关。我们的工作满意度和工作质量取决于两个因素：一是我们愿意为之付出的程度（主要指努力，这是动机的一方面），二是我们的专业技能如何（主要指能力）。通常，我们需要同时具备这两个因素，也就是说，既要有工作意愿，又要有工作能力，才能让我们的生活走向成功。当我们说一个人很有"潜力"时，我们的意思可能是说，那个人还没有发挥出自身实力，因为他还不够努力。或者，当我们说一个人"凭借努力获得佳绩"时，我们的意思可能是说，那个人还欠缺能力，所以才会这么努力。因此，我们可以这样理解高品质过程：既能让员工感到满意（比如，引导他们付出更大的努力），又能让员工拥有能力（为他们提供成功所需的资源）。在后面的章节中，我将详细探讨这些观点。这里想强调的是，要让员工付出更大的努力，就得知道他们的需求所在。

无论是工作还是生活，我们的很多经历都发生在人际关系之中。因此，要想拥有高品质过程，从短期和长期都要让员工满意，同时还要让他们具有专业能力。比如，公司计划裁员时，就短期而言，需要周全考虑该如何告知被裁员工。这个问题非常重要。研究显示，公司裁员的方式是一个十分有效的指标，可以预测被裁员工是否会起诉公司非法终止劳动合同。当被裁员工觉得公司尊重他们时，他们起诉的可能就很小，只有 1% 的概率。而如果他们觉得公司告知裁员的方式不妥，就更有可能起诉公司，概率约为 17%。从企业的角度来看，仅仅是告知裁员的方式不同，就意味着其在法庭上应诉的可能性有了几乎 17 倍的变化。[9]

类似的结果还出现在关于病人因医疗事故起诉医生的研究上。如果病人只考虑医生是否遵照了医疗程序，哪怕该程序不合规定，医生被起诉的可能性也很小。然而，如果医生对待病人的态度很差，一旦医疗程序不合规定，医生就很有可能被病人起诉。[10] 还记得糟糕的结果叠加糟糕的过程会有怎样的后果吗？我们在企业和医疗机构里又看到了这样的例子。杰·雷诺的情况并非个案。

医疗行业已经开始意识到医生对待病人方式的重要性。美国医学院协会（The Association of American Medical Colleges，AAMC）最近宣布了一项计划，将学生的人际交往能力纳入报考医学院的标准化考试范畴。美国医学院协会会长达雷尔·基尔希（Darrell Kirch）表示："公众对医生的专业知识很有信心，但对他们的工作态度没多大信心。我们的目标是改善医学院的招录程序，招入那些符合公众期待的学生。成为一个优秀的医生不仅需要懂得专业知识，还要懂得如何与人打交道。"[11]

过程的品质既涉及短期效应，也涉及长期效应，这一结论经常出现在关于组织行为的研究文献中。著名的组织心理学研究者理查德·哈克曼（Richard Hackman）为"团队效能"确定了 3 个标准：

◎ 效率：组织的产出应该符合或超过评估人的预期；

◎ 满意度：组织成员的个人需求应该得到满足；

◎ 持久度：正如哈克曼所说，"组织的工作流程应该确保或增强成员在执行团队任务时的能力"。[12]

同理，高品质过程既应该在短期内让成员感到满意，让他们的能力得到提高，同时又不能牺牲（最好是提高）他们长期的满意度和能力。

把追求高品质过程的
思维方式转化成实际行动

养老院的研究案例表明，我们可以从两个维度来探讨高品质过程：一是关注过程因素，它们处于决策接受者的外部；二是考察决策接受者对于决策过程的内在感受。第 1 章和第 2 章是站在决策者这一外部角度来考察的，第 3 章是站在员工内在感受的角度来考察的。第 1 章探讨的内容是过去 40 年来得到大量关注的课题：决策过程的公正性。我们将探讨这一因素的各个方面，包括员工如何看待公正的过程，以及决策过程的公正性与决策效果如何共同影响员工的工作效率、士气和自我评价。

不过，在现实工作中，要想让员工感到满意，让他们拥有专业能力，从而让企业成功实现变革，确保过程的公正性只是管理者要做的诸多重要工作之一。大到企业并购，小到说服员工采用一项新技术，都属于变革的范畴。

按照哈佛商学院的迈克·比尔（Mike Beer）的说法，成功的变革需要管理者做好以下工作：

◎ 确认员工对当前状态感到不满；

◎ 向员工呈现未来图景，拿出改变当前状态的更好的可行方案；

◎ 制订工作计划，激励员工去实现更美好的愿景；

◎ 处理好员工对变革的抵触。[13]

第 2 章为管理者提供了一种思维方式，帮助他们成为更有效的变革者，同时还提供了一些富有远见的机构常用的最佳实践方法。

在第 3 章，我们将基于员工的感受来考察决策过程的品质。人们都想努力获得如下感受，尽管它们并未涵盖所有的行为动机：对自己感到满意（自尊感）、将自己视为完整而正直的人（身份感）、认为自己的工作很有意义（掌控感）。[14] 实际上，有些组织方法和管理方法的确可以让员工拥有自尊感、身份感和掌控感。员工对这三种感受的追求从一进入企业就开始了，并贯穿工作始终。最近的研究显示，如果企业能让员工拥有自尊感、身份感和掌控感，他们的工作效率和士气将会更高，同时，心理上的幸福感也会更强，而这一点很重要。[15]

无论过程的品质是与过程因素（第 1 章和第 2 章）有关，还是与接受者的内心感受（第 3 章）有关，如果不考虑决策过程的伦理维度，我们的阐述就很难说是完整的。倘若管理者对待员工的方式提升了他们的效率、士气和幸福感，却因此牺牲了伦理，我们还能说它是一种"高品质过程"吗？显然不能。第 4 章将处理这个问题。我们将探讨，第 1 章到第 3 章所考察的实现高品质过程的因素是如何推动决策接受者正直行事的。在第 4 章末尾，我们将提供一些可行的方法，帮助管理者最大限度地挖掘员工潜力。

第 5 章和最后一章的内容可以被概括为前面章节所探讨的观点："说来容易，做来难。"大多数管理者都认同我们的建议：应该确保决策过程公正；应该成为迈克·比尔所说的变革推动者；应该确保员工拥有自尊感、身份感和掌控感；应该以合乎伦理的方式对待员工。可是，为什么管理者常常做不到呢？在第 5 章的开头我将说明，其中一部分原因在于，管理者没有动力去追求高品质过程；另一部分原因在于，管理者没有相应的能力。正如任何一个好医生都会告诉你，诊断病情在先，治疗疾病在后。只有先明确了妨碍高品质过程实现的因素，才有助于找到解决方案。毕竟，如果本书真想成为一本具有实操性的书，就不应该仅仅提供解决方案，而要首先追问为什么管理者没能做到。也就是说，先明确障碍，再提供克服障碍的办法。简而言之，我希望帮助管理者把追求高品质过程的思维方式转化成实际行动，运用在决策过程和员工互动上。另外，如果你填完了第 6 章中的调查问卷，你就能评估出，自己在工作和生活中与他人互动的过程品质如何。

让我们开始吧！

第一部分
影响过程品质的四个要素

第二部分
如何打造高品质过程

THE
PROCESS
MATTERS

第一部分

影响过程品质的
四个要素

01

要素一：两种公正，
过程公正与结果公正

只要管理者确保过程公正，决策的接受者就可能
更少在意结果的公正性和满意度。

以下三个场景代表了人们在工作中常见的三种不同情况：

场景 A： 保罗已经被公司外派了 1 年，按原计划他要待满 3 年。这一年对他来说可谓喜忧参半。工作进展很顺利，但适应新的家庭生活却颇不容易。他的妻子本来是一个精力充沛的职场人士，为了陪伴保罗，只好暂时放弃事业。不幸的是，保罗被派驻的国家不允许女性工作，于是，妻子的日子过得既无聊又苦闷。他们的两个孩子在上高中，他们很后悔让孩子离开家乡，因为他们在学习新语言、融入新文化等方面遇到了很大的困难。保罗非常痛苦。一方面，他的老板告诉他，如果他能待满 3 年，而不是提前回国，对公司和他的职业生涯都会更好。另一方面，鉴于他的家庭状况，他认为如果一家人能在几个月之内回国，就再好不过了。

场景 B： 安娜贝尔喜欢抽烟。她戒烟很多年都没能成功。之前，她的工作单位允许员工每天有几次抽烟时间。但现在，公司实施了一项新规定，严禁员工在工作场合抽烟。不用说，这项新规定给安娜贝尔带来了不小的挑战，她甚至开始认真考虑要不要离开公司，另找一个不禁烟的工作单位。

场景 C： 汤姆在一家制造工厂上班，该工厂正面临经营困境。厂长最近宣布，所有员工都会被大幅减薪至少 3 个月。做出这一宣布之前，汤姆从未想过离开自己的单位。他喜欢这份工作，也喜欢住在工厂附近。然而，减发薪水让他开始重新考虑自己的选择：是否要到其他地方去找份新工作？

你认为上述场景中的员工会怎么做？保罗会提前结束他的外派任务吗？安娜贝尔会离开公司吗？汤姆会去其他地方找份新工作吗？如果你的回答是"这得视情况而定"，那么应该考虑哪些情况呢？关于这个问题，我们至少知道一种答案：确保过程的公正性。正如我们稍后将在本章讨论的，研究显示，如果雇主的决策过程更公正，员工就会更忠诚。

什么是公正

对正义的关注至少可以追溯到古希腊时期，柏拉图、亚里士多德及其他思想家都提出过相关理论。到了现代，公正问题又受到社会和组织心理学家的大量关注。早期理论和研究认为，员工对公正的感受取决于雇主给他们的薪水。J. 斯特西·亚当（J. Stacy Adam）的平等理论认为，员工会将自己的付出和回报与其他员工进行比较，如果比较的结果是公平的，他们就会觉得受到了雇主的公正对待。[1] 我们通常认为，公正就是干得越好，赚得越多。结果导向就是一种与结果公正紧密相关的概念，它指员工希望从雇主那里获得他们想要的报酬。在职场中，结果公正和结果导向对生产效率和员工士气具有显著影响。

然而，到了 20 世纪 70 年代中期，人们发现结果并非唯一重要的因素。约翰·蒂博（John Thibaut）和劳伦斯·沃克（Laurens Walker）的开创性研究使我们知道员工对公正的感受和反应还取决于产生结果的过程。

很多人都能从直觉上认识到结果与过程的区别，比如，我们发现薪酬分配不公正、令人不快时，很可能会对结果表现出不满，但同时，我们也有可能认为导致这一结果的过程是公正的。蒂博和沃克，以及10年后的罗伯特·福尔杰（Robert Folger）、杰拉尔德·格林伯格（Jerald Greenberg）、艾伦·林德（Allan Lind）和汤姆·泰勒（Tom Tyler）等学者发现，即使结果不变，当员工认为过程公正的时候，他们的反应也会更积极，比如，他们会对某项决策更满意。[2]

相关研究在两个方面取得了成果。一方面，研究正义的学者明确了公正的过程由哪些要素构成。另一方面，他们考察了结果公正（或结果导向）与过程公正是如何相互作用，从而影响员工的思想、感受和行为的。我将在下面详述这些研究成果。

过程公正的要素

蒂博和沃克首先认为，过程公正就是在讨论或决策过程中要给予员工发表意见的机会，这既包括让员工在做出决策之前发表意见（过程控制），也包括在实际决策过程中给予员工话语权（决策控制）。随后，杰拉尔德·利文萨尔（Gerald Leventhal）及其同事明确了6种可以影响员工公正感受的决策过程要素，比如一致性（做决策的方式不能因人因时而异，这也被称为"公平竞争环境"）、准确性（决策者所依赖的信息是准确且有效的）和偏见抑制（决策者将自身利益放在一边）。决策过程的透明与否也会影响到对公正的感受。确保准确的信息被用于决策是一回事，确保每个人都能见证准确的信息被用于决策则是另一回事。[3]几年之后，鲍勃·比斯（Bob Bies）观察到，我们对过程公正的感受还取决于决策者和执行者之间的人际沟通。比如，执行者是否有机会对自己的行为做出解释，能否以有尊严的方式执行决策，这些都会影响到他们对公正的感受。[4]

此外，还有一个重要的因素，那就是决策的时机。比如，一家美国企业计划停掉某些业务或者大量裁员时，必须至少提前6天通知当事人，这是企业的法定义务。已故俄亥俄州参议员、《工人调整和再培训通知法案》（*The Worker Adjustment and Retraining Notification Act*）最早的支持者霍华德·梅岑鲍姆（Howard Metzenbaum）认为，如果员工即将失去自己的工作，那么只有给予他们充足的时间做好相应准备，对他们才算公平。简而言之，决策机制的若干特征和决策者在制定、执行决策过程中的行为共同影响了员工对过程公正的感受。

结果和过程的联合效应

学者们已经证明，与结果公正一样，过程公正也能影响员工。他们进而开始考察，在员工回应组织事件和决策方面，如果将过程与结果结合起来，会产生怎样的联合效应和交互作用。这方面的研究有些出现在法律领域，考察人们如何回应警察和司法体系，但更多的还是在职场领域。有些研究考察了员工对于整个组织事件的反应，比如，裁员、降薪、工作和生活之间的不平衡；还有些研究探讨了针对个别员工的事件和决策，比如，员工如何看待外派，或者员工如何与上司协商。这些研究广泛考察了员工的态度，同时也关注了员工的工作效率和士气：他们的工作干得如何？他们在多大程度上付出比回报更多？他们在多大程度上认同组织的目标？他们在多大程度上满意现在的工作，而不是老想着跳槽？[5]

这些研究得出了几个相同的结论。正如图1-1所示，当员工获得了一个难以接受（不公平或不满意）的结果，这一结果还伴随着不公正的过程时，他们就会特别愤愤不平，好比"雪上乘霜"。另一个结论是，"结果可以为手段辩护"。换句话说，只要员工最终获得了好（公平或满意）的结果，过程公正与否相对而言就不那么重要了。不过，图1-1还表明，当员工对结果感到不满时，过程公正与否就很重要了。因此，第三个结论就是，"手段也可以为结果辩护"。看看横轴上的数字，你会发现，如果员工认为过程公正，那么结果对工作效率和士气的影响就相对较小。

结果满意度

过程公正性		低	中	高
	低	1	4	7
	高	5	7	8

数值范围：1~10。

数字越大，表示员工反馈越好（比如工作效率、士气的提升）。

图 1-1 员工对组织事件和决策的反馈

10多年来，我有机会通过哥伦比亚商学院的高管培训项目，向数千名学生展示这些研究成果。每当我说出这些结论时，我承认我是冒了一定风险的。毕竟，他们参加培训项目是想学到关于战略和战术方面的实用知识，从而将其应用于职场。向他们展示这些研究结论似乎过于理论化或"学究气"了。

然而，我还是甘愿冒这样的风险，因为我相信这些结论传递了具有实用价值的信息，可以帮助商业精英成为更优秀的领导者、管理者和变革者。实际上，我甚至会要求学生们回答，如何将这些研究成果运用于职场。他们很快领会了我的意图，告诉我说："如果能让员工得到想要的结果，我就不用太在意实现结果的方式了。"我告诉他们，如果他们的意思是"不用像在意结果那样在意方式"，而不是"完全不在意方式"，那我赞同他们的看法。研究表明，如果过程是公正的，员工的反馈通常会更好。而如果员工对结果不满意，那么过程公正会对员工产生更大的正面效应。

此外，我的学员们通常还会意识到，只要管理者确保过程公正，比如尽可能让员工参与决策，向员工解释做出某些决策的原因，与员工就决策进行良好沟通，决策的接受者就可能更少在意结果的公正性和满意度。这并不是说，只要过程是公正的，员工就完全不会受到结果的影响，而是说，他们对结果的关注会显著减少。

有时候学员们会将图 1-1 的结论理解为，管理者要么只关心如何给予员工想要的结果，要么只关心如何公正对待员工，而不用太在意其他因素，比如，公正或满意的结果能够减少员工对高品质过程的需要，高品质过程能够减少员工对公正或满意的结果的需要。然而，图 1-1 的意思绝不是说，给予员工满意的结果与公正对待员工是一回事，虽然两者产生的效果是差不多的，但代价完全不同。

我举一个例子来说明。多年来，我和我的同事一直在研究裁员对留下的员工，所谓"幸存者"的工作效率和士气有何影响。我们想要发现，"幸存者"是否总是会受到裁员事件的负面影响，或者在什么情况下裁员事件会对他们产生或多或少的负面影响。比如，我们想知道，"幸存者"对裁员结果和裁员过程的满意度会如何影响他们对裁员事件的感受。

在裁员结果方面，我们调查了被裁员工的情况。我们尤其想知道，"幸存者"在何种程度上相信公司为那些被裁员工提供了"安全网"，比如发放遣散费、帮助被裁员工寻找新工作、提供再就业咨询、延续健康保险或其他福利。用人力资源的专业术语来讲，这种"安全网"又被称为"福利包"。即便"福利包"只提供给被裁员工，它对"幸存者"来说也具有重要意义。世上没有不透风的墙，"幸存者"一定会听闻被裁员工的情况，并受到影响。事实上，裁员的企业常犯的一个错误是，只把被裁员工视为"受影响"的员工，暗示那些"幸存者"并不会受到影响。然而，大多数经历过裁员事件的员工都会毫不犹豫地告诉你，每个员工都会受到影响，无论是被裁的还是留下的。如果被裁员工能得到慷慨的"福利包"，那么"幸存者"通常会对公司前景抱有更大的期待。此外，这也意味着，如果他们今后因为缩减业务规模而被裁，他们可能会得到什么样的待遇。

在过程公正方面，这些研究包括了管理上的软技能，比如，是否就裁员理由对员工做出了很好的解释，是否做了充分的事先通知，或者裁员通知的内容是否体现出对被裁员工的尊重和同情。"幸存者"对裁员事件的反应与图1-1的结论相似。如果"幸存者"对裁员结果感到满意，那么裁员过程的公正性对其工作效率和士气的影响会减小。如果"幸存者"认为裁员过程做得很到位，那么"福利包"的大小对其工作效率和士气的影响也会减小。[6] 乍一看，"福利包"的大小和过程公正与否对"幸存者"的影响似乎是此消彼长的。比如，图1-1显示，如果"幸存者"认为"福利包"一般慷慨，而过程很公正，他们的感受就与"福利包"很慷慨，而过程一般公正的情况是一样的。然而，需要注意的是，企业提供高福利、低公正所产生的财务成本要明显高于提供高公正、低福利的情况。如果你很关心企业的财务状况，你还会认为满意的结果和公正的过程对"幸存者"的影响差不多吗？很可能不会吧。

这里想要表达的更普遍的原则是，通常比起向员工提供满意的结果，管理者做到过程公正要更加容易。你是否听说过亚伯拉罕·林肯总统的那句名言："你不可能在所有时间让所有人满意"？我相信，这句话更适用于向员工提供满意的结果，而不是公正的过程。大多数时候，管理者不可能确保结果会让每个员工都满意，因为这在财务上是不可能做到的。然而，以财务上可承受的成本去计划和执行高品质过程，常常是能做到的。这就让管理者更容易实现"在所有时间让所有人满意"。即使管理者不得不做出"艰难的"决策（意味着至少有一些员工将接受不好的结果），这些决策仍能以公正的方式做出。实际上，管理者不仅能够以公正的方式做出艰难的决策，研究结果显示，他们还应该这么做：因为当结果不理想的时候，过程的公正性会对工作效率和士气产生更大的影响。

这很具有讽刺意味：如果管理者能够并且应该以过程公正的方式做出艰难决策，为什么他们没能经常做到这一点？[7] 简单来讲，这是因为尽管高品质过程通常没有什么财务成本，但并非完全没有成本。实际上，管理者以过程公正的方式计划和执行决策会产生非财务成本，我们将在第5章探讨这一问题，并提出可以降低个人和企业在这方面的成本的一些方法，帮助管理者更好地做到过程公正。

关于过程的三个误解

我希望现在你已经明白，图1-1呈现的研究结论对于组织事件和决策所蕴含的实用价值。然而有时候这些结论被人们误解了。

误解一：可以真戏假做

有些人会说，对管理者而言，真正做到过程公正并不重要；重要的是，要让员工感知到管理者试图做到过程公正（"感知即现实"）。[8] 从图1-1

的结论来看，我的确同意，有必要让决策的接受者相信，管理者正在努力做到过程公正。从这个意义上讲，感知即现实。然而有时候，人们却忽视了以下现实：比起那些只想做表面功夫的管理者，真正想要做到过程公正的管理者更容易被员工感知到他们为之付出的努力。

大多数人很快就能看穿虚伪。某艺术机构的一个中层管理者曾经告诉我，他所在机构的高层参加过一个培训，内容关于如何增强员工对管理的参与，而这正是高品质过程的特征之一。他们想从培训中学到如何才能提升组织的士气。培训结束后，高管们回到工作岗位，似乎更有亲和力了。他们用各种方式让员工表达自己的意见，比如，通过开展专项行动，让底层员工对高管提建议；建立员工意见箱；经常召开员工大会，鼓励员工表达自己的看法。然而，问题在于，高管们并非真想增强员工的参与感，他们只想做做样子。没过多久，员工就发现，他们的意见被忽视了，这让他们的士气比之前更低落了。

"虚伪的高品质过程"是一个自相矛盾的说法，因为高品质过程意味着，应该以真诚和尊重的方式对待员工。想想员工会如何看待管理层的虚伪吧。一旦他们意识到管理者只是允许他们表达意见，却从不认真考虑他们的意见，他们就会认为自己受到了欺骗。你可以想象，他们很可能会对其他人说："我的老板太蠢了，居然以为我们不知道他根本就不在意我们的意见。"这种虚伪不是一种真诚对待员工的方式。

误解二：只要过程公正，不用在意结果

既然执行高品质过程是一种低成本的领导和管理方式（因为给员工提供满意的结果，通常会比执行高品质过程耗费更多的财务成本），管理者

可能会推论说，只要能确保过程公正，就不用太关心结果。这种看法有两方面的误解。首先，研究表明，当过程公正做得更好而不是更差时，员工对结果的关注就相对较少。但这并不是说，员工完全不关心结果。当过程做到了公正，如果员工还能得到更好的结果，他们的工作效率和士气就会更高。相比于过程更公正的情况，当过程不公正时，结果对员工的影响会更大。

其次，如果有可能做到既提供满意的结果，又确保过程的公正，管理者就应该同时做到这两点。然而，很多时候管理者不太可能为所有人提供满意的结果。这时，他们最好提供中等满意的结果（在财务上更有可行性），同时确保执行高品质过程。图 1-1 表明，当结果很满意、过程很公正时，员工的工作效率和士气并不会比结果中等满意、过程很公正时高太多。如果情况真是如此，那么管理者应该问问自己，是否值得用更大的财务代价去提供很满意，而不是中等满意的结果。

误解三：高品质过程能让员工不介意糟糕的结果

尽管高品质过程是很有价值的，但同样也要认识到它的局限性。高品质过程比低品质过程更能让员工产生积极的反应（比如提升工作效率和士气），尤其是在结果不令人满意或不公平的时候。但这并不是说，过程公正就能完全掩盖或消除糟糕结果的影响。当管理者以公正的方式做出艰难决策时，他们不应该指望受到糟糕结果影响的当事人对这一决策抱有非常积极的看法。比如，如果员工因为企业缩减业务规模而被裁或者看到其他员工被裁，即便决策过程是毫无瑕疵的，我们也不应该指望被裁员工和留下的员工会高兴得手舞足蹈。他们的反应至多是不温不火。然而，如果糟糕的结果伴随着不公正的过程，那就糟糕透顶了。比如裁员过程没有处理好时，被裁员工很有可能会起诉公司，而留下的员工可能会士气低落。[9]一般而言，即便管理者以公正的方式做出艰难的决策，也难免有一些员工会发出抱怨，但管理者不该由此认为过程的公正并不管用。很有可能出现的情况是，如果不以公正的方式做决策，员工的抱怨会更多。

结果与过程的相互作用

尽管图 1-1 的结论在各种不同的职场情景中都得到了验证，但我们还没有讨论为什么会有这样的效应。实际上，有两方面的原因值得思考。首先，为什么过程公正在员工获得糟糕结果而非满意结果的情况下对工作效率和士气的影响更大？其次，为什么过程公正比过程不公正更能降低结果满意度对工作效率和士气的影响？我们需要为这两个问题提供理论和实践上的解释。推进理论与推进实践其实并不矛盾，进一步讲，正如社会心理学开创者库尔特·勒温（Kurt Lewin）的那句名言所说：没有什么比一个好的理论更实用了。如果我们真正理解了员工的思维方式和行为方式，我们就能做出对自己和他人来说都更好的决策。

对第一个问题的回答基于这样一种假设：比起好的结果，人们更在意糟糕的结果。也许这是人类经过数千年进化出来的生存本能。纳奥米·艾森伯格（Naomi Eisenberger）创造了"人类预警系统"这一术语，来描绘我们对威胁自身利益的事件、经历或刺激（比如获得糟糕结果）尤为敏感的那部分大脑。[10] 除了监测威胁来源，人类预警系统还能做其他事情。它让我们对环境更警觉，尤其是对那些能帮助我们减少或抑制威胁的信息更警觉。当糟糕结果造成的潜在威胁伴随着公正的过程时，人们的恐惧感会大幅减弱，其结果就是，人们至少会有一定的满意度。比如，当过程公正、结果糟糕时，员工可能会谅解管理者，因此，他们仍会支持管理者的工作。然而当糟糕结果造成的潜在威胁伴随着不公正甚至令人厌恶的过程时，这种情况就无异于"雪上乘霜"了。员工会更不容易谅解管理者，甚至对其抱有更大的不满。

不过，当获得满意的结果时，人们的恐惧感就没那么强烈了，因为满意的结果不会像不满意的结果那样激发我们的生存本能。因此，我们对过程公正的关注度也不会那么强烈了。这就解释了为什么良好的结果比糟糕的结果对员工工作效率和士气的影响要小得多。

基斯·范登博斯（Kees van den Bos）和他同事的一项研究表明，我们甚至不需要得到糟糕的结果，就能触发人类预警系统。那些表示威胁或危险的外部刺激同样能触发我们的预警系统，比如，我们对与公正有关的信息就格外敏感。在一项研究中，受试者被要求盯着感叹号看一段时间。感叹号被看作一种警告信号，尤其是在欧洲，而这项研究正是在欧洲进行的。在看完感叹号之后，受试者读了一段简短的文字，这段文字要求他们想象自己正在申请一份工作。一半受试者得到的信息是，招聘过程是公平的（基于准确的求职信息做出录用决定），而另一半受试者得到的信息是，招聘过程是不公平的（没有基于准确的求职信息做出录用决定）。还有一组受试者（控制组）在阅读文字之前没有看过感叹号。所有受试者都被要求评价招聘过程的公正性。结果令人相当惊讶。比起事先没有看过感叹号的受试者，看过感叹号的受试者认为基于准确求职信息的招聘过程更公平，而基于不准确求职信息的招聘过程更不公平。换句话说，在评价公正性的问题上，求职信息的准确性对于看过预警信号——感叹号的受试者的影响更大。

范登博斯和同事的第二项研究考察了一个完全不同的预警信号：闪烁的橘色灯。该研究是在荷兰一个中型城市的某商业中心进行的。研究人员要求受试者阅读一段文字，这段文字让他们想象自己正在为一家企业工作，并且刚刚完成了一项重要任务。安装在基座上的橘色灯位于研究人员的身后，有些受试者能看到灯光闪烁和熄灭（预警组），而另一些受试者只能看到橘色灯熄灭的状态（控制组）。其中一半受试者阅读的文字告诉他们，他们得到的报酬是公平的，另一半阅读了文字的受试者则被告知，他们得到的报酬是不公平的。与前一项研究一样，受试者被要求评价他们是否受到了公正对待。毫不奇怪，当他们得到的报酬公平时，他们会认为自己受到了公正对待。然而，这一态度在预警组中比在控制组中更为强烈。对那些被告知得到公平报酬的受试者而言，预警组受试者的公平感比控制组受试者更强烈。对那些被告知没有得到公平报酬的受试者而言，预警组受试者的不公平感比控制组受试者更强烈。简而言之，得到糟糕的结果时，我们的预警系统就会被触发，从而增强我们对周围环境和预警信号的敏感度，以帮助我们应对正在经历的威胁。关于过程公正的信息就属于一种预警信号。范登博斯的研究十分有趣，因为它表明了，在得到糟糕的结果之前，我们的预警系统就能够被触发，而预警信号也能起到这样的作用，这也是为什么看过感叹号和闪烁灯光的受试者更容易受他们所读到的公正信息的影响。[11]

还有另一种方式可以解释为什么结果和过程的结合能对我们产生这么大的影响。糟糕的结果可能会让我们感觉受到了影响（让我们处于不满的状态），但糟糕的结果本身并不一定给人们造成影响和不满。如何看待糟糕的结果是由我们自己决定的，而与过程公正有关的信息可以左右我们的态度。组织行为学家罗杰·迈尔（Roger Mayer）、丹尼丝·卢梭（Denise

Rousseau）及其同事将"信任"定义为自愿受到他人行为的影响，这种自愿是基于人们相信，即使不对他人施以监督，他人也会做正确的事。[12] 当对方给出了不令人满意的结果，而过程是公正的，人们就更容易相信，在不受监督的情况下他人也会做正确的事。

简而言之，过程公正与否是决定我们能在多大程度上信任管理者的一个重要因素。反过来，我们对管理者的信任又决定了，我们会在多大程度上受到管理者提供的结果的影响。比如，管理者提供了不令人满意的结果，但过程是公正的，我们仍会信任他们，也不会受到不良结果的过多影响。我们会认为，只要过程公正，即便现在没有得到很好的结果，随着时间推移，我们总会得到应得的果实。然而，如果过程不公正，我们对于未来会得到满意结果的信心就会大大减弱。如果对未来的信心不足，我们就更倾向于看重当前的结果。[13] 图 1-1 的结论也支持这一观点：如果过程更公正，结果的满意度对员工工作效率和士气的影响就没那么大。

如果管理者能明白过程公正可以减小结果满意度的影响——因为过程公正与否是管理者能否得到员工信任的预测指标，那么他们就能明白，其他能够影响员工对管理者信任度的因素也具有同样的效果。当管理者只能提供糟糕的结果时，他们需要知道（如果他们想知道员工满意度的话）员工有多信任他们。结果糟糕而过程公正只是获取信任的一个重要因素，但并非唯一因素。有些员工更倾向于用乐观的态度看待这个世界，因此他们对管理者的信任度会更高，这是一种"旁观者清"的姿态。最近，我和艾米丽·比安奇（Emily Bianchi）完成了一项研究。我们让受试者阅读关于某些管理者的文章，然后让他们评价管理者是否做到了过程公正。有些受试者读到的内容是管理者在过程公正方面做得很好，另一些受试者读到的内容是管理者在这方面做得较差。显然，结果是：那些读到管理者在过程公正方面做得很好的受试者给出的评价更高。然而，有趣的地方在于，无论读到哪一种内容，天生就对他人有更强信任感的受试者做出的评价会更高。[14]

此外，有时候员工对管理者的信任度受到当前事项公正与否的影响较小，而更多地受到管理者先前行为的影响，或者受到其他同事对管理者评价的影响。[15] 因此，当管理者必须做出艰难决策时，为了提升员工的信任度，他们可以做如下几件事。首先，他们可以提醒员工，自己一贯值得信任。其次，管理者可以寻求组织中其他有影响力的人的帮助，以传播他们值得信任的信息。无论是自己还是他人来做这件事，都必须确保信息是真实的。比如，你可以列举自己以前为员工利益着想的事例，或者让员工相信，你请来游说他们的人是信誉卓著的"意见领袖"。简而言之，由于过程公正与否事关信任度，也事关员工如何看待结果，管理者在做艰难决策时应该寻求各种办法，确保得到员工的信任。正如库尔特·勒温所说，没有什么比一个好的理论更实用了。

结果与过程相互作用的负面影响

图 1-1 的结论表明，通过过程公正的方式计划和执行决策，管理者有办法降低艰难决策对员工的伤害。然而，其他研究也发现，如果我们是艰难决策的接受者，那么过程公正也会带来一些负面影响。比如，我们得到了一个糟糕的结果，而其过程是公正的，我们就会对自己感到不满。几年前，我的一个在某知名商学院当教授的朋友得到一个坏消息，她申请终身教授失败了。一个好心的同事试图安慰她，说道："好吧，你不该为此感到烦恼，毕竟，申请过程是公正的。"我这个朋友礼貌地朝她的同事笑了笑，却在心里对自己说："谢谢！有这样的朋友，我哪里还用得着去寻找敌人？"

当我们得到了不满意的结果时，从某种程度上讲，我们最不愿意听到的话就是，过程是公正的。其效果无异于不满的结果叠加不公正的过程（"雪上乘霜"），甚至还不如后一种情况，因为后者至少能给人安慰：可以把糟糕的结果归咎于其他原因，而不是我们自己。我们可以让自己相信，糟糕的结果与自己的能力无关，而与不公正的过程有关。而如果过程是公正的，我们就很难将结果归咎于外部因素了，结果是我们应得的。换句话说，是我们自己的某些方面（行为或者个性）的问题导致了这样的结果。[16]

当我们得到糟糕的结果时，会产生哪种消极情绪取决于我们是否认为过程是公正的。一方面，如果我们认为过程是公正的，我们就会对自己感到不满。另一方面，如果我们认为过程是不公正的，我们就会对决策者产生愤怒和怨恨。[17]最近，我亲自见证了一个人同时产生了这两种反应（自我厌恶和怨恨他人）。我的一个学生期中考试成绩很差，于是来找我询问原因。刚开始，我们就这一结果进行了分析，探讨了如何做出改进。随着对话的深入，我发现他对考砸了这件事感到很自责，以至于对自己的能力产生了怀疑。我告诉他，他不应该如此苛责自己。为了尽可能安慰他，我随口说道，没有任何一种考试能对一个人的能力做出完美考查。我说，毕竟考试通常不可能覆盖所有的知识点，也许你只是运气不好，做了充分准备的知识点没有出现在试卷中，没有复习到的知识点却是考试的重点，这种情况时有发生。他感谢我抽出时间与他沟通，也感谢我给了他理性的分析和情感上的安慰，然后离开了我的办公室。然而，几分钟后他又回来了。他的情绪从对自己的厌恶变成了对我的怨恨。尽管那并非我的本意，他却把我的话理解成这次考试的考题出偏了。换句话说，考试过程是不公正的。而我这么说只是想安慰他。

当管理者必须做出艰难决策时，他们不可能做到在所有时间让所有员工满意。总有些人会认为结果是不满意的或者不公正的。这类人对管理者来说的确很棘手。如果管理者没能做到过程公正，员工会产生愤怒和怨恨，工作效率和士气会受到影响。如果管理者确保了过程公正，员工又会对自己产生怀疑。管理者既要关心员工的工作效率和士气，又要关心员工的自我评价，这似乎很难两全其美。但果真如此吗？

不尽然。我的建议是，管理者在确保过程公正的同时，要警惕这种可能：不满意的结果会让员工感到自责。这种由过程公正带来的自责会产生副作用。不过，管理者可以采取一些办法减轻这一副作用。让我们再详细了解一下，有哪几种情况会让人们因为对结果不满意而感到自责。心理学家罗尼·加诺夫－布尔曼（Ronnie Janoff-Bulman）做过一个很重要的区分：性情式自责和行为式自责。[18] 前者将糟糕的结果归咎于我们的个性或长期能力，后者则归咎于我们做了或没做哪些事情。比如，想象你没能在一项重要的工作中获得自己想要的结果。如果你是一个性情式自责者，你可能会认为原因在于你缺乏成功所需的东西，缺乏相应的能力。如果你是一个行为式自责者，你可能会认为原因在于你没有尽力，也就是说，还不够努力。实际上，能力和努力都是原因，但各自产生的影响却十分不同。相比于努力，能力被认为是更不易改变、不可控的。实际上，当人们把糟糕的结果归咎于缺乏能力时，他们对未来获得成功的预期会更悲观，也不会付出更大的努力。而当人们把同样的结果归咎于欠缺努力时，他们对未来会更乐观，更有动力前进。[19] 很多研究已经表明，性情式自责和行为式自责对一个人抑郁水平的影响方式非常不同：对负面事件的性情式自责与抑郁水平是正相关的，而对同样事件的行为式自责与抑郁水平是负相关的。换句话说，只有对负面事件的性情式自责才会让人们对自己产生厌恶，而对同样事件的行为式自责不会让人们那么沮丧。

对要做出艰难决策的管理者而言，这些结论的含义是很清楚的：管理者应该以过程公正的方式制定和执行决策，并且意识到不满意的结果会让决策接受者感到自责，进而引导员工把自责更多地指向自己的行为，而不是自己的能力。实际上，这种做法与为员工提供建设性的负面反馈的核心原则之一相符：反馈应该指向员工的行为而不是他们的个性。比如，管理者不要指责员工能力不足，而是应该基于行为做出反馈，拿出员工工作没做好的证据，比如没能确保工作质量，或者开会总是迟到。基于行为的反馈之所以更有效果，是因为它与行为式自责一样，为员工传递了同样的信息：人们的行为是可以改变的，工作是可以做得更好的。

除了能带来更积极的改变，鼓励行为式自责而非性情式自责还有一个好处，那就是可以让员工以合乎道德的方式开展工作。不满意的结果有时候并非员工得到的结果，而是指一些员工对另一些员工造成了损失。比如，员工有时候会做只符合自身利益或者团队利益的事情，而这些事可能并不符合企业的整体利益。或者，这种损失体现为员工的不作为，不愿意为了企业的发展付出额外的努力。当员工发现这些损失时，他们会感到羞愧或内疚。尽管这两种情绪有一定的相似之处，但还是有所差别：羞愧指向的是人本身（"我对自己感到羞愧"），而内疚指向的是行为（"我对我的行为感到内疚"）。正如亚当·格兰特（Adam Grant）在最近的研究中所发现的，当人们感到内疚而不是羞愧时，更容易做出合乎道德的事情。因为羞愧会让人怨恨或远离指责他的人，而内疚会让人同情他所伤害的人，并为此采取补救措施。[20]

当结果糟糕而过程公正时，除了鼓励员工采取行为式自责，管理者还可以用其他方法帮助员工应对自责带来的副作用。从根本上讲，在这种情况下管理者应该提升员工的自尊感，但不用把这种提升想得很复杂。在

《激发内驱力》（*The Progress Principle*）一书中，特蕾莎·阿马比尔（Teresa Amabile）和史蒂文·克雷默（Steven Kramer）写到，当员工发现自己的工作很有意义，而且总是在取得一点一滴的进步时，他们就会对自己和工作感到更满意，更有动力、能力和创造力。[21] 因此，管理者要做的就是创造条件让员工体会到"小小的胜利"，比如，为他们设定清晰的目标，赋予他们自主权，为他们提供所需的资源。管理者应该将最终的大目标分解为较小的子目标，因为一旦达成这些子目标，员工就能体会到"小小的胜利"。

当然，管理者应该在各种场合，而不能只在员工自我评价很低的时候提升员工的自尊感。那些导致员工自我评价很低的情况（比如，结果糟糕而过程公正）之所以需要被重视，是因为它们会使员工对自己的能力产生普遍怀疑。好消息在于，员工即便因为某件事对自己评价不高，他们仍能通过做好其他事来增强自信。比如，作为社区成员，员工可以参与一些有意义的志愿者工作来提升自我评价，这种志愿者经历反过来又会对员工在企业中的自我评价产生积极影响。[22] 我们会在第 3 章详细探讨员工自我肯定或自我修复的方法。

现在，让我们回到本章开篇处提到的那 3 个人。他们都将决定如何应对雇主的决策，而这些决策对他们来说并不是一个好的结果。保罗，我们的外派员工，必须决定是否继续留在海外工作。公司希望他留下来，他的家庭却不太乐意。安娜贝尔，我们的烟民，必须决定是否留在厂里，因为工厂禁止吸烟，这让她很难接受。汤姆正在考虑是否要离开这家工作了很长时间的单位，重新找份工作，因为他的雇主准备对员工大幅降薪。很多研究已经表明，雇主能否做到过程公正，对员工的决定有着很大的影响。我和罗恩·加伦齐克（Ron Garonzik）、菲利斯·西格尔（Phyllis Siegel）发现，如果雇主允许员工表达自己的想法，让员工感受到雇主对他们的真诚和尊重，那些与保罗处境相似的外派员工提前回国的概率就会更小。[23]杰里·格林伯格（Jerry Greenberg）发现，如果公司高层能就禁烟事宜提供充分的信息和充足的理由，并且对无烟不欢的烟民表示出真正的关心和爱护，安娜贝尔这样的员工就更有可能接受禁烟令。[24]在另一项研究中，杰里·格林伯格发现，如果公司高层能为减薪提供充足的理由，并且就此事向员工表达真诚的愧疚之情，汤姆这样的员工寻找新工作的可能性就会更小。[25]这些案例以及其他很多案例均表明，如果管理者能做到过程公正，员工的忠诚度就会高很多，尤其是在他们不得不承受糟糕结果的情况下。

1. 影响员工对过程公正的看法的因素：

  决策机制的特征

  决策者在制定和执行决策过程中的人际行为

2. 决策结果与过程公正之间的关系：

  良好的结果能够显著（并非完全）弥补不公正的过程

  公正的过程能够显著（并非完全）弥补糟糕的结果

3. 关于过程的三个误解：

  可以真戏假做

  只要过程公正，不用在意结果

  高品质过程能让员工不介意糟糕的结果

4. 关于结果满意度与过程公正性的相互作用及其对员工的影响，
  可得出如下结论：

  比起向员工提供满意的结果，管理者做到过程公正更加容易
  →公司想以适当的财务成本提升员工的工作效率和士气，最
  好的做法是提供中等满意的结果和高品质过程。

  不公正的过程叠加糟糕的结果会让员工感到愤怒，影响工作
  效率和士气；而公正的过程伴随糟糕的结果可能会让员工感
  到自我厌恶
  →管理者应在制定和执行决策的过程中确保公正，高品质过
  程下仍出现糟糕结果时，引导员工把原因归为行为，而非自
  身能力，并采取行动帮助员工树立信心。

02

要素二：两种正确，
做正确的事与正确地做事

我们需要持续了解周围环境，主动预测事物的发展方向，
至少当事物发生变化时，能够做出恰当的反应。

过程公正与否对于员工如何回应组织事件和决策有着巨大的影响。无论你是想让某个决策得到众多员工的支持，还是得到某个员工的支持，你最好让员工相信过程是公正的。在本章，我们将以某个组织作为出发点，该组织试图说服员工拥抱某项变革，然后，我们提出了如下问题：这一说服过程应该是怎样的？你可能注意到了，我在前一句话中使用的说法是"某个组织"和"某项变革"。我是有意这么说的，意在表明，高品质过程的特点适用于很多不同类型的组织和不同类型的变革。无论你是在世界 500 强企业工作，在政府机构工作，还是在非营利组织工作，无论变革的性质是什么（扩大或缩小业务规模），说服原则的相似之处远大于差异之处。

组织的变革通常基于外部环境的推动。世界总是在不断变化。有时外部环境会变得有威胁、充满约束、要求很高。比如，有时我们不得不面对异军突起的新竞争对手。多年来，每个春天我都会在自家后院栽种蔬菜，然后悉心照料它们数周或数月，到夏末总是能看到自己的劳动果实：良好的过程（我发现在后院劳动是一件令人放松的事）和良好的结果（能在夏末吃到美味的蔬菜并与他人分享是一件很有趣的事）。然而，有一年，我的良好结果突然消失：动物吃光了我种的蔬菜。我想，这是怎么回事？我已经种了很多年的菜了，唯独今年没能收获果实。我意识到，我正面临新的竞争对手。如果我想继续吃到后院的蔬菜，就必须做出改变。第二年，我第一次在后院竖起了金属铁丝网，以"打败竞争对手"。正如管理者应该努力促成变革，我得到的收获是，我们不可能避免外部环境的影响，但可以采取行动，努力去影响环境，尽管影响程度通常是有限的。我们需要持续了解周围环境，主动预测事物的发展方向，至少当事物发生变化时，能够做出恰当的反应。

有时候，新的环境约束来自监管政策。那些 2008 年前后在金融行业工作的人应该明白我的意思。2008 年全球金融危机爆发后，美国国会于 2010 年通过了《多德－弗兰克华尔街改革与消费者保护法案》（*The Dodd-Frank Wall Street Reform and Consumer Protection Act*），加强了联邦政府对金融市场的监管。比如，政府创建了一个新的机构，用于保护消费者免受欺诈，削减银行向客户收取的信用卡手续费，等等。新的监管规定迫使金融服务机构改变了经营方式。在摩根大通效力多年的高管迈克尔·卡瓦诺（Michael Cavanaugh），被认为是现任首席执行官杰米·戴蒙（Jamie Dimon）的继任者，他宣布离开摩根大通，加盟私募股权公司凯雷投资集团。卡瓦诺的离职令人惊讶，其主要原因在于，像摩根大通这样的大型银行受到了更严厉的监管，而私募股权投资的监管环境则相对宽松。

对企业而言，外部环境的变化既是挑战也是机遇。消费者喜好的变化或技术的变化能够促使企业提供新的产品或服务，或者以新的方式提供现有产品和服务。同时，新的市场也可能会出现。比如，2001 年高盛发表了一篇报告，预测到 21 世纪中叶，"金砖四国"将成为全球经济最重要的组成部分。[1]这些新市场充满了机会，跨国企业正准备抓住这一历史机遇。

世界在不断变化。为了响应或者引领（这当然更好）事物的变化，组织必须变革。组织所引入的新战略通常包括：收缩、扩张（要么通过内生性增长，要么通过并购）、搬迁、重组、外包、开发新技术，以及采用新的政策、制度和流程。当今世界，组织变革已经变得相当普遍。当我让参加高管培训项目的学生们说出他们所在组织最大的变革行动时，他们通常会提到上述 2 到 3 项变革。这些变革要么同时进行，要么以很快的速度相继完成。简而言之，正如古希腊哲学家赫拉克利特在约公元前 500 年所说，唯一不变的，就是变化。这个 2500 多年前的观点，难道不依然适用于今日的世界吗？

打造高品质的变革过程

人们经常说，优秀的领导者和管理者能够做正确的事和正确地做事。这句话同样适用于成功的组织变革。为了让组织变得更好，领导者需要做正确的事。基于外部环境的变化，基于组织需要拥有的资源或资产，基于组织自身的生命周期，组织需要制订恰当的愿景和战略。研究显示，很多组织在这方面做得很不错，能够切中愿景和战略的要害。然而，问题在于，更多时候，组织没能正确地做事，计划和执行变革的过程是有缺陷的，没有考虑到人的因素。

一旦组织即将发生变革，会产生两种不同的影响。一方面，变革有时会让员工感到振奋。比如，员工可能认为变革早就该进行了，因此他们愿意支持变革。另一方面，变革有时会让员工感到困惑、愤怒、漠不关心，因此，他们会反对变革。那么，是什么因素造成员工支持或者反对变革呢？其中一个决定性因素就是管理者能否通过打造高品质过程来计划和执行变革。公正肯定是评估过程品质的一个综合性因素。然而，还有其他更多影响因素。

本章将从两个方面探讨影响高品质过程的因素。首先，在更广义的概念层面上，我们将考察员工支持而非反对变革的一系列原因。这是一种思考高品质变革管理过程的宏观思维方式。其次，在更具体的层面，我将讨论一些具体的操作案例，看看一些公司是如何做好变革管理的。

理论基础

本章内容基于组织发展和变革领域3个全球顶级权威的著述：迈克·比尔、哈佛商学院的约翰·科特（John Kotter）和哥伦比亚商学院的托德·吉克（Todd Jick）。比尔从库尔特·勒温那里引入了一个大框架，认为任何变革都会有两种截然相反的力量，一种力量能够激发员工支持变革，另一种力量则会起到阻碍变革的作用。我们经常处于变革和稳定的内部斗争之中，就像童书中的虚构人物怪医约翰·杜立德所说的"双头瞪羚羊"（Pushmi-pullyu animal）[1]那样。敏锐的变革推动者能够意识到，员工可以成为支持变革的力量，也可以成为支持稳定的力量。因此，一个管理良好的变革过程包括创造条件，最大程度激发变革的力量，同时减小阻碍变革的力量。吉克和科特为管理者如何促成变革提出了很多具体的建议。[2]首先，我们将概述关于变革的过程，变革推动者需要了解什么。其次，由于魔鬼藏在细节中，我们将探讨高品质的变革管理过程由哪些具体的要素构成。

---

[1] 双头瞪羚羊长有两个头，位于身体的两端。每当要移动的时候，两个头就会往不同的方向用力。——译者注

正确地做事背后的两种力量

有三种驱动力能够激发员工支持变革：

◎ 他们需要对现状感到不满——"工作没有良好进展"；

◎ 他们需要相信，对于现状有更好的解决方案——"事态可以变得更好"；

◎ 需要良好的体制机制来让员工远离当前令人不满的现状，实现更好的状态——"我能够并且想要离开这里、到达那里"。

驱动力量

当现状不可接受时，员工就会希望发生变革。我们很多人都听过这样一句话，"东西没坏，就不要修它"。如果员工相信事态已经恶化，他们就会支持变革。一个管理良好的变革过程需要向员工充分展现当前面临的问题。当然，如果管理者仅仅关注糟糕的事态或者问题，他们就会被员工视为消极或讨厌的人，而不是推动变革的领导者。因此，管理者还要向员工表明，存在更好的办法来解决当前的问题。这种更好的办法可以与"愿景"一词联系在一起。愿景向员工提供了实现未来目标的美好图景，能够鼓舞员工做好自己的工作。愿景必须是清晰的、可实现的、能鼓舞人的。不过，将问题展现出来以及用愿景提供更好的解决方案仍是不够的。耐克那句著名的广告语希望人们"说干就干"（Just do it），但变革却不是这样的。员工需要一张路线图，知道如何从此地通往目的地。除此之外，变革推动者还需要做一系列工作，确保员工愿意而且能够实现变革目标。

反对力量

由于把变革视为对自己利益的侵犯，员工常常会反对变革。他们认为，变革意味着权力、威望、控制力和工作安全感的丧失。有意思的是，即使变革能让组织变得更好，这种情况也时常会发生。在著名的研究案例"海军枪炮"（Gunfire at Sea）中，埃尔文·莫里森（Elving Morison）讲述了美国海军高级将领是如何应对枪炮技术突破的。20世纪初，枪炮技术的改进让射击命中率一下子提高了30倍。不用说，人们都以为华盛顿特区的海军高级将领们肯定会立即采用这种技术。然而，当一个名叫威廉·西姆斯（William Sims）的中级将领试图说服高层接受这一技术时，他一次又一次地失败了。直到他直接写信给当时的美国总统西奥多·罗斯福，这一技术创新才得到了采用。为什么西姆斯之前的建议被一再拒绝？莫里森认为，主要原因在于西姆斯的举动相当于否定了高级将领们之前的工作。这个案例告诉我们，人们维护现状和既有利益的动力有多强（也就是说，反对变革的动力有多强），哪怕变革能带来更大的好处。"海军枪炮"在当代的版本变成了员工对新技术的抵制，因为他们认为（不见得是正确的），接受新技术意味着自己会丢掉工作。[3]

变革还会带来不确定性，而员工必须容忍这种情况，比如，新的组织会变成什么样子，自身的工作角色会发生什么变化。有句话是这么说的："知道魔鬼在哪里，比不知道魔鬼在哪里更令人安心。"从这句话中我们可以理解为什么员工会抵制变革。改变做事的方式会让员工脱离舒适区，他们对现有的工作得心应手，但变革会要求他们完成新的工作，他们就会担心自己能否胜任。

变革还会增加员工的工作量。一方面你要学习新的工作技能，另一方面你还得把现有的工作做好。比如，回想一下你上一次出差或者家庭旅行的情景。在出发之前的一两天，你的生活会有什么变化？为了出行，你不得不做好一系列工作，比如把报告写完，为下属安排任务；你还要处理好家庭事务，比如辅导孩子写完作业，让宠物得到照料。同样，当变革发生时，员工面临的生活和工作压力会更大。因此，如果员工不认可变革的方向，不喜欢不确定性，不愿意离开舒适区，同时还要承担更多的工作，我们就能理解为什么员工会反对变革了。

简而言之，员工有很多理由反对变革，管理者需要了解具体是哪些理由。每个企业的情况各不相同。敏锐的变革推动者会判断员工反对变革的根本原因，因为只有这么做才能提出有效的应对办法。判断先于干预。管理者应该采用不同的方式应对员工对变革的抵制。比如，假设一个管理者判断认为，员工之所以反对变革，是因为担心不能胜任变革后的新工作，那么管理者就应该利用各种机会让员工操练新技能，或者送他们去参加新技能培训。另外，员工抵制的原因可能不是怀疑自己的能力，而是不想承担由变革带来的额外工作。如果管理者送这些员工去参加培训，效果可能不会很好，因为他们已经掌握新技能了。管理者需要做的是，深入挖掘员工不愿意承担额外工作的原因。也许他们只是不明白变革对他们有什么好处，若的确如此，那就要向员工表明这些好处。又或者，他们并非真正反对变革，而只是反对变革进行的方式，比如没有向员工提供充分的变革理由。如果是这样，管理者就应当立即与员工沟通。亡羊补牢，犹未晚矣。我们需要意识到，反对力量（或者员工反对变革的理由）可以有多种形式。管理者需要明辨这些阻力产生的原因，并采取相应的行动。

高品质的变革过程会让员工拥抱而非抵制变革，这可以用如下公式来概括：

$$变革 = (D \times V \times P) > C$$

括号中的字母代表变革驱动力。D 代表对现状不满（dissatisfaction）；V 代表为未来提供愿景（vision）；P 代表执行良好的变革过程（process），它可以促使员工改变不满的现状，实现更好的未来；C 代表变革的成本（costs），它包括了反对变革的力量，或者反对变革的理由。[4] 一旦变革驱动力超越了变革阻力，员工就会拥抱变革（体现为工作效率和士气的提升）。注意，这一公式是概念意义上的，不是数学意义上的。它提供了一种思考高品质过程的思维方式。我们有意在 D 和 V、V 和 P 之间用了乘号。乘号意味着所有的变革驱动力都要同时发生作用：100 乘以 100 乘以 0，仍然等于 0。换句话说，如果任意一种驱动力没能处理好，变革就不可能发生。此外，该公式还表明，管理者不应该只重视变革驱动力，还需要应对变革阻力。

由于管理好变革需要做好如此多的工作，管理者可能会觉得无所适从。尽管变革推动者必须果敢而为，但我的意思并不是说，每个管理者都必须擅长变革过程的所有方面。我只是表明，"D×V×P > C"这一公式中的所有要素都应该发挥作用，这跟管理者必须擅长每一个要素不是一回事。接下来，我们将探讨构成这一公式的每一种具体要素，管理者可以借此评估自己能够做好哪些方面。比如说，某个管理者非常擅长处理变革管理的宏观问题，即不满和愿景，但并不擅长处理细节问题，即过程和成本。那么该管理者有两种应对办法，而且彼此并不冲突。一种是致力于改进自己的薄弱环节。接下来我将为此提供具体建议。另一种是让具备这方面专长的人来弥补自己的不足。如果擅长处理不满和愿景的管理者能与擅长处理过程和成本的人共事，那么所有要素都能发挥作用，变革发生的概率就会大大提高。

正确地做事的两大要素

在约翰·科特和其他学者研究成果的基础上，托德·吉克为变革管理提供了更为具体的方法，他称之为变革管理的"十诫"。[5] 在吉克提供的这些原则的基础上，我将详细阐述其中几个重要原则。首先，由于他的原则与比尔的"D×V×P>C"公式有某些共同之处，我将阐明吉克原则与比尔公式之间的关系。实际上，吉克原则是比尔公式的具体化，因而更具可操作性。其次，为了让变革管理更具可操作性，我在吉克原则的基础上拿出了一张包含 34 种行为的清单。尽管我不会在正文中讨论全部 34 种行为，但我会谈及其中多数。全部行为清单参见第 6 章的工具 A 和 B（《变革执行调查问卷》和评分指引）。这一清单十分重要，因为它完整而详细地描述了变革管理的全过程，为管理者评估相关工作提供了参照。当你浏览这一清单时，建议同时进行自我判断。哪些行为是你经常做的？哪些行为不经常做？我将提供一些具有前瞻性思维的变革管理者的案例，同时辅以研究证据来加以论证。我还会探讨吉克原则与比尔公式每个要素之间的关系。

吉克"十诫"中的两诫与"不满"要素息息相关。对于员工对现状产生不满的情况，管理者要做到：

◎ 分析变革的必要性；

◎ 创造紧迫感。

我们会依次讨论每个要素。

分析变革的必要性

　　分析变革的必要性需要管理者非常清楚组织运转得如何，也需要很好地了解组织有这种表现的根本原因。如果管理者有很强的分析变革必要性的能力，他应该很擅长《变革执行调查问卷》中的第 1 条："我清晰地向员工解释了，当前的状况如果不发生变化，为什么是不可接受的。"我们在第 1 章探讨了向员工做出解释的重要性，这是做到过程公正的一个环节。然而，我们还没有在前面章节讨论过，为什么做出解释能够得到员工的支持。换句话说，为什么做出解释很重要？首先，做出解释有助于了解事实或信息。管理者有时忽视了这样一个事实：员工对变革理由的了解程度是不如管理者的。相对于需要说服的员工而言，管理者拥有更多的信息，更清楚变革的必要性。此外，管理者还比员工更早了解变革的计划。比如，在告知所有员工之前，他们可能早就知道企业正在筹划缩减业务规模或关闭工厂。他们需要做的是，回想上级向自己解释为什么现状不可接受时的情景。就像他们得到解释后有助于自己理解和支持变革一样，员工得到他们的解释也会有同样的感受。

　　做出解释很重要的第二个原因更多是态度上的，而非内容上的。这种解释体现出了对员工的态度，能够让员工更愿意支持变革。比如，就即将发生的变革向员工做出解释，这件事本身就表明管理者很在意员工的态度。同时，它还表明，管理者同情或者至少意识到员工将面临的不确定性。在这种情况下，解释的内容就并非最重要的了，做出解释本身则很重要。几年前，我和我的夫人奥德丽正在机场候机厅等待登机。一般情况下，航空公司会在飞机起飞前 30 分钟通知乘客登机。我们的起飞时间是下午 1 点，到 12 点 30 分时，我们却没得到登机通知。12 点 45 分……1

点……还是没能登机。这时，奥德丽发现，很多乘客开始变得烦躁不安。飞机已经到达，就停在候机厅外。奥德丽起身走到检票处，礼貌地说："对不起，我是一名商业心理学家，我想如果你们能解释一下为什么还不能登机，大家会更淡定一些。"很快，我们就听到了如下通知："起飞时间推迟。"尽管这是再明显不过的事实，但这一"通知"还是让很多乘客安静下来。有个乘客嘀咕说："至少他们提供了解释！"而另一个乘客说道："至少我们知道他们在关注我们的态度了。"

埃伦·兰格、亚瑟·布兰科（Arthur Blank）和本齐翁·沙诺维茨（Benzion Chanowitz）曾做过一个很有趣的实验，结果表明，人们很愿意认可做出了解释的人，哪怕解释的内容空洞无物。受试者在复印机前复印文件。他们专注于这件事，根本不知道自己正在参与一项心理学研究。研究人员走到受试者面前，试图请求受试者让自己插个队。研究人员对一些受试者说道："对不起，我有 5 页文件，我能先复印一下吗？"而对另一些受试者说道："对不起，我有 5 页文件，我能先复印一下吗？因为我必须要复印它们。"

尽管第二种请求提供了解释（"因为我必须要复印它们"），但很显然，这个解释没有向受试者提供新的信息。相比没能得到解释的受试者，得到解释的受试者更愿意让研究人员插队。兰格和她的同事提出，人们有时候是以一种下意识的方式与他人互动的，不会注意到他人正在说什么或做什么。只要他人的行为方式是正确的（在这一案例中，插队请求需要提供解释），人们就愿意接受对方的请求。[6]当然，这并不是说，你不需要为推动变革给出实质性的解释，比如，为什么变革是必要的；也不是说，敷衍了事的解释能够起作用。与"复印研究"中的受试者不同，员工会非常在意与变革有关的信息。因此，管理者理应向员工提供清晰而合理的解释。然而，兰格、布兰科和沙诺维茨的研究表明，有时候人们愿意接受他人的请求，不是因为解释的内容，而是因为解释本身所表明的态度。

创造紧迫感

当企业深陷困境时，几乎无须创造变革的紧迫感，因为这种紧迫感人人都能感知到。而我们这里所说的创造紧迫感是指，管理者在企业经营现状尚可，甚至还要更好的情况下主动激发变革，而不是被动迎接挑战。工具 A《变革执行调查问卷》中第 3 条就是创造紧迫感的一个例子："我前瞻性地引入了变革，而不仅仅是为了应对当前面临的问题。"这就引出了下面的问题：如果员工相信现状没问题，管理者如何才能有效创造紧迫感？这一问题有两个答案，我将逐一回答。首先，管理者应该告诉员工，尽管现状并不差，但在不远的将来情况可能会变得更糟。我们可以把它称为"迫在眉睫"法则（"the burning platform" approach）[1]。其次，管理者应该告诉员工，尽管现状令人满意，但还可以变得更好，因此，不应该小富即安。我将它称为"追求更好"法则（"the going for the gold" approach）[2]。我们将依次探讨这两个法则。

"迫在眉睫"法则

几年前，我曾就职于哥伦比亚大学战略规划委员会。尽管我们的工作任务很明确（为学校未来 5 年的发展制订新的战略规划），但工作难度可

---

[1] 2012 年，诺基亚首席执行官史蒂芬·埃洛普（Stephen Elop）在给员工的一份内部备忘录中讲述了一个故事：一个海上钻井工人突然发现平台燃起来了，他自己身处火海，他要么跳海，要么不动，两者都有风险，但主动跳海的生还概率相对更大。此处用"the burning platform"表明，面对眼前的危险，必须要主动采取应对措施。——译者注

[2] "the going for the gold"来自美国电影《冰上奇缘之追逐金牌》（*The Cutting Edge:Going for the Gold*），该片讲述了一对花样滑冰选手自我挑战、追求卓越的故事。——译者注

不小。哥伦比亚大学是一个很庞大的机构，因此，制订新的战略规划并不是一项容易的工作。在第一次会议上，学校教务长试图向我们（战略规划委员会成员）解释，为什么学校需要新的战略规划，我们听得很认真，但很多人并不认同这些理由。毕竟，我们认为哥伦比亚大学仍然是顶级的学术机构。我们是否有必要为未来5年制订新的战略规划？为什么不能延续之前的战略？会上，委员会成员们自满的情绪充斥着整个房间，直到我们听到大学首席财务官对学校财务状况的报告。他告诉我们，当前的情况还不错，尽管去年学校的开支超预算了，但金额并不大，无须担心。然而，令我们感到震惊的是他对财务前景的阐述。如果不实施新的战略规划，继续现有政策，学校明年的开支赤字将达到一个很大的数字，未来两年甚至会更大。我们自满的情绪一下就消失了，开始认真考虑执行新的战略规划的必要性。为什么首席财务官的报告如此有效地创造了紧迫感，我想，原因至少有两个。首先是报告内容本身，他清晰地阐述了变革的理由，而且幻灯片中的数据很有说服力。其次，报告是由首席财务官亲自陈述的，而没有交给下属去做，这增强了报告的可信度。可以说，委员会成员在听了他的报告之后没那么扬扬自得了。

"追求更好"法则

创造紧迫感的另一种方式是向员工表明，令人满意的现状还可以做得更好。只要明白了事物当前的状态和本来可以成为的状态之间的差异，员工就会对当前状态感到不满。在这方面，没有谁比已故苹果公司创始人、首席执行官史蒂夫·乔布斯更擅长创造紧迫感了。在苹果生产出iPod、iPhone和iPad等爆款产品之前，我们的生活并不缺少什么。然而，乔布斯的天才之处在于，他设想出了更好的产品，可以让世界变得更美好。他不仅让苹果公司的员工感受到了变革的紧迫性，或许更重要的是，还让公司之外的人感受到了这一点。在 iPad 发布之前，有记者质疑苹果公司对该产品的市场需求过于乐观，乔布斯的回答非常经典："不，消费者并不知道他们想要什么。"乔布斯认为，创造一个比当前更美好的世界是苹果公司的责任所在。

创造紧迫感的这两种方式，你认为哪一种更好？员工更容易受到"迫在眉睫"法则的驱动，还是更容易受到"追求更好"法则的驱动？当我把这个问题抛给我那些高管学员们时，他们大多认为，前者的紧迫性要强于后者。这实际上揭示出他们对于人性的看法，他们认为员工更有动力去避免糟糕的情况，而不是去追求更好的情况。诺贝尔经济学奖得主丹尼尔·卡尼曼（Daniel Kahneman）和他已故的同事阿莫斯·特维斯基（Amos Tversky）曾经说过：损失比收益更令人痛苦。比如，失去 100 美元的痛苦大于赢得 100 美元的快乐。[7]

然而，我在哥伦比亚大学的一个同事托里·希金斯（Tory Higgins）进行的一项研究表明，这个问题的答案并没有那么简单。他的这一颇具影响力的"调节聚焦理论"（regulatory focus theory）表明，答案取决于你所关注的对象。让我稍做一下解释。希金斯从人们趋乐避苦的原则出发，认为我们追求快乐、回避痛苦的方式各不相同，这些方式在很大程度上会影响我们的所思、所感和所为。希金斯的结论与本书的主要观点一致：结果很重要，实现结果的过程也很重要。

希金斯认为，我们可以用"促进聚焦"（promotion-focused）或"防御聚焦"（prevention-focused）的方式来趋乐避苦。这两种方式有 3 个方面的差异值得注意：

◎ 我们想要满足的需求；

◎ 我们想要实现的目标；

◎ 我们如何看待与目标有关的结果。

当采用"促进聚焦"方式时，人们更容易被成长和进步的欲望激发，其显著目标是追求"理想的自我"，它反映了自己的梦想和愿望。聚焦于促进的人会将结果分为"收获"与"没有收获"两种。当他们实现自己的梦想时，他们就能体会到收获的快乐；当他们没能实现梦想时，他们就能体会到没有收获的痛苦。

相反，聚焦于防御的人更容易受到安全和稳定的激发，他们追求的目标是"应然的自我"，它反映了职责、义务和责任。聚焦于防御的人会将结果分为"损失"和"没有损失"两种。当他们成功实现"应然的自我"时，他们就能体会到没有损失的快乐；当他们没能成功实现"应然的自我"时，他们就能体会到损失的痛苦。[8]

也许，我们还可以用一种更简单的方式来区分"促进聚焦"和"防御聚焦"之间的差异：聚焦于促进的人为了获益而采取行动，而聚焦于防御的人为了安全而采取行动。现实生活中，每个人都可能既是促进聚焦的，又是防御聚焦的，这取决于不同的情况。然而，一个人更多地聚焦于促进还是防御，其结果是完全不同的。马丁·路德·金就是一个聚焦于促进的领袖人物。1963 年，在华盛顿举行的一场集会上，他发表了《我有一个梦想》这一著名演讲，呼吁社会各界消灭种族歧视。而英特尔公司的联合创始人、《只有偏执狂才能生存》(Only the Paranoid Survive) 一书的作者安迪·格鲁夫 (Andy Grove)，则是一个聚焦于防御的商业领袖。金和格鲁夫都是拥有愿景的领导者，都想要创造变革，同时，又都代表了"调节聚焦理论"的不同方面。实际上，行为本身并不是促进导向或防御导向的，任何一个行为都由我们自己来决定是以促进聚焦还是防御聚焦的方式来执行。因此，我们如何在行为方式上做好自我管理（也就是过程）至关重要。

尽管对于促进聚焦和防御聚焦的选择，人与人之间有所差异，但某些情形或环境能够影响人们的聚焦策略。比如，创业型公司的企业文化更倾向于促进聚焦，尤其是创业早期的公司。创业公司的员工通常更有动力实现创业者提出的愿景。相反，成熟的公用事业企业的文化则更倾向于防御，它们的目标是避免断电（"保障用电顺利"）。

在初步探讨了"调节聚焦理论"后，现在我们回到之前提到的那个问题：创造紧迫感的方法哪一种更有效，是"迫在眉睫"法则，还是"追求更好"法则？我希望你的回答是，"这取决于员工更倾向于促进聚焦，还是防御聚焦"。当员工是为了避免损失而采取行动时，"迫在眉睫"法则更有效；当员工是为了成长而采取行动时，"追求更好"法则更有效。

洛兰·伊德松（Lorraine Idson）、尼拉·利伯曼（Nira Liberman）和托里·希金斯的一项研究表明，即使是细微的情景差异也会影响员工对促进聚焦或防御聚焦的选择，而这反过来又会影响他们对结果的感受。在研究中，受试者被要求想象自己正在书店买一本想买的书。研究人员对不同受试者的话术略有差异，从而让有些受试者倾向于成长（促进），有些则倾向于防御。那些被诱导倾向成长的受试者被告知："书的价格是65元。付款时，你会发现，书店为现金支付提供5元的优惠，因此，你决定用现金支付。"相反，那些被诱导倾向防御的受试者被告知："书的价格是60

元。付款时，你会发现，如果用信用卡支付，书店会收取 5 元的手续费，因此，你决定用现金支付。"这其中的细微差异在于，成长框架强调支付现金可以获得 5 元奖励，而防御框架强调用信用卡支付将会有 5 元损失。如果人们只在意结果，就会认为这两种情况没有区别。毕竟，不论哪一种情况，只要用信用卡支付，价格都是 65 元，只要用现金支付，价格都是 60 元。

研究人员还向受试者提供了更多信息。那些被提供了成长框架的受试者要么被告知，"你看了看自己的钱包，发现有现金，因此，你将使用现金，得到优惠"（收获情景）；要么被告知，"你看了看自己的钱包，发现没有现金，因此，你将使用信用卡，得不到优惠"（非收获情景）。那些被提供了防御框架的受试者要么被告知，"你看了看自己的钱包，发现有现金，因此，你不会支付手续费"（非损失情景）；要么被告知，"你看了看自己的钱包，发现只能使用信用卡，因此，你将支付手续费"（损失情景）。

然后，所有受试者被要求对自己所处的情景进行满意度评价。很显然，当结果积极而非消极时，受试者的感受会更好；当处于收获情景而非非收获情景时，受试者的感受会更好；当处于非损失情景而非损失情景时，受试者的感受会更好。然而，还有一些更有意思的情况是研究者想知道的，比如，倾向成长或倾向防御是否会影响受试者的感受。结论是，处于收获情景中的倾向成长的受试者要比处于非损失情景中的倾向防御的受试者感受更好。注意，在这种情况下，两类受试者得到了同样正面的结果：为那本书支付了 60 元现金。然而，倾向成长的受试者对于正面结果的感受比倾向防御的受试者更好。结论便是，当获得正面结果时，倾向成长的受试者能体会到更大的满足。而处于损失情景的倾向防御的受试者比处于非收获情景的倾向成长的受试者感受更糟。这两类受试者都得到了一个负面结果：用信用卡为该书支付了 65 元。然而，倾向防御的受试者对于负面结果的感受比倾向成长的受试者更糟。结论便是，当获得负面结果时，倾向防御的受试者心情更沮丧。[9]

这些结论意味着，在将变革理由呈现给员工时，应该考虑员工是促进聚焦型，还是防御聚焦型。原因至少有三个方面。首先，这些研究成果修正了人们普遍接受的一个观点："损失比收益更痛苦。"实际上，这一观点更适用于防御聚焦型的人，而不是促进聚焦型的人。

其次，虽然我希望通过呈现这些研究成果，帮助人们更好地理解哪种方式能更有效地创造紧迫感，但我更希望通过了解促进聚焦与防御聚焦之间的差异，帮助人们找到更好的反馈方式，从而激发更大的动力。实际上，管理者、教育工作者和父母们一直都在争论，正面反馈和负面反馈哪种更能激励人们的行为。当芝加哥公牛队的迈克尔·乔丹赢下第一个 NBA 总冠军，这一结果会激励他赢得一个又一个的冠军，他最终也成为公牛队六次夺得总冠军的成员之一。温斯顿·丘吉尔、亚伯拉罕·林肯和罗纳德·里根等领袖则是从早先的失败中走出来，达到人生新高度的。那么，哪一种情况更能激励人们呢？根据迪娜·范迪克（Dina Van-Dijk）和亚伯拉罕·克鲁格（Avraham Kluger）的研究，这要取决于人们的聚焦倾向。倾向成长的人更容易受到正面而非负面反馈的激励，相反的情况则适用于倾向防御的人。[10]

再次，这些研究成果细化了我们的理解，能让我们以最有效的方式将变革的紧迫感传递给他人。如果我们想主动创造变革，而不是被动应对困境，我们就有必要创造紧迫感。然而，管理者需要以不同的方式与不同的员工沟通。对于那些促进聚焦型员工，呈现变革所能带来的益处更能让他们支持变革。对于另一些防御聚焦型员工，则应该避免让变革产生损失，从而促使他们支持变革。[11]

我们对促进聚焦和防御聚焦的探讨还引发了这样一个问题：有什么方法能让我们知道，人们是倾向于成长，还是倾向于防御？这里有一个简便易行的方法，可以用来判断你和你的朋友属于哪种类型。实际上，人们在情绪体验上的差异取决于自己是促进聚焦型还是防御聚焦型。促进聚焦型的人对情绪的感受有两个极端，一个是快乐和兴奋，一个是悲伤和沮丧。他们常常为了获益而采取行动，当事情进展顺利，也就是获益时，他们会感到兴奋和乐观；而没有获益时，他们会感到沮丧和悲观。

防御聚焦型的人对情绪的感受则是另外两个不同的极端，一个极端是平静，另一个极端是烦躁。他们为了避免损失而采取行动，当事情进展顺利，也就是没有损失时，他们会感到如释重负。然而，当产生损失时，他们会感到焦虑或愤怒。当然，我们每个人都有可能在某些时候体会到所有这些情绪。但问题在于，哪一种情绪谱系是你更经常体验到的？如果你认为你的情绪经常在快乐和悲伤之间波动，而不是在平静和烦躁之间波动，你更有可能是促进聚焦型的人。如果你认为你的情绪经常在平静和烦躁之间波动，而不是在快乐和悲伤之间波动，你更有可能是防御聚焦型的人。[12]

在我们第一次交谈的时候，我的妻子就在无意中向我展现了她属于哪一类人。我们是经人介绍认识的。那是在 1979 年，我打电话给她，确定碰面的时间和地点。我们在电话上进行了友好的交谈，对彼此有了一个初步的了解。我问她："你如何形容自己？"她没有任何犹豫，很和蔼地说道："我会说我是一个既会很快乐又会很悲伤的人。"在那次通话中，我未来的妻子实际上已经告诉我，她是一个促进聚焦型的人。

还有一个有趣的例子可以说明人们的情绪反应是如何表明他们属于哪一类人的，那就是芝加哥大学经济学教授詹姆斯·J.赫克曼（James J. Heckman）收到诺贝尔经济学奖获奖通知时的反应。我要讲的这个故事清晰地表明，我们所做或所经历的几乎每件事是如何受到促进聚焦或防御聚焦倾向影响的。想想看，如果你被告知赢得了自己所在领域的最高荣誉，你会如何反应？我想大多数人在听到这个消息时都会表现出促进聚焦型的高兴或狂喜。毕竟，赢得所在领域的最高荣誉是大多数人的终极梦想。用"调节聚焦理论"的术语来说，如果获得最高荣誉都不能算实现了促进聚焦型的理想自我，那我不知道还有什么是了。赫克曼教授是如何反应的呢？他当然很高兴。不过，他所说的话却显示出，他是从防御倾向而非成长倾向来看待获奖的。他说："获得诺贝尔奖总算让我松了口气。"

因为获得诺贝尔奖而松口气？怎么会呢？好吧，是这样的。算上赫克曼，芝加哥大学共有9位教授获得了诺贝尔经济学奖，是所有大学中数量最多的。也许他觉得，作为一名芝加哥大学的经济学教授，获得诺贝尔经济学奖是他的义务和责任。我们在前文提到，义务和责任与"应然的自我"紧密相关。当人们有防御倾向时，就很容易表现出这样的特征。赫克曼的话表明，他很有可能是一个防御聚焦型的人。谈到获奖之前的职业生涯时，赫克曼教授说："我记得曾经有记者打电话给我，问我在芝加哥大学没有获得诺贝尔奖是怎样一种感受？很快，这个问题开始让我痛苦起来。"[13]

还有一种方法可以判断一个人属于哪种类型，该方法基于这样一个事实：正面反馈更能激发促进聚焦型的人，负面反馈更能激发防御聚焦型的人。因此，我们可以提出如下问题：哪一种反馈更能激发你？如果你发现正面反馈比负面反馈更能让你努力地工作，那么你可能是促进聚焦型的人。如果你发现负面反馈比正面反馈更能激发你，那么你可能是防御聚焦型的人。

心理学家已经研究出很多方法来判断一个人属于促进聚焦型还是防御聚焦型。本书第 6 章的工具 C 和工具 D 介绍了其中几种。工具 C 用于判断一般倾向，而工具 D 用于判断人们在职场中的倾向。

正确的愿景与达成愿景的正确方式

分析变革的必要性和创造紧迫感代表了人们面对不满时的两种截然不同的应对方式。高品质过程不仅指出了现状有什么问题，还能告诉人们如何把工作做得更好。而呈现愿景就是其中一种很重要的方式，它能向员工展现出一幅很有吸引力的未来图景。在变革过程中以一种高品质的方式呈现愿景需要做好三方面工作：

◎ 确保愿景涵盖必需的内容——"愿景的方向正确"；

◎ 确保每个员工都理解愿景——"所有人达成共识"；

◎ 确保每个员工都支持愿景——"所有人都往同一个方向前进"。

愿景的方向正确

为了带来变革，愿景必须是清晰的、可行的、鼓舞人心的。如果愿景不清晰，我们就不可能有效地讨论如何变革。"可行"不等于"容易"，绝非如此。最好的愿景能让员工感到工作有难度，但难度不能过大，否则可能会以员工的失望或绝望告终。最后，变革需要动力，因此愿景必须能够激励或鼓舞员工。

有几种方式可以明确前进的方向和焦点，提出愿景是其中一种，可以让员工知道还有更好的选择。其他几种方式包括使命（企业最根本的目标）、战略（如何实现愿景）和目标（评价愿景是否实现的具体指标）。此外，尽管价值观本身并不能指引前进的方向（而愿景可以），但它可以让愿景变得更有感染力。

愿景陈述很重要，因为它反映了企业的公众形象。由于清晰度、可行性和感染力的不同，愿景也是千差万别的。但有一点可以肯定，陈述越短的愿景越清晰。比如，吉列公司的愿景是：

> 通过创新打造全品牌价值，比我们的竞争对手更快、更好、更完整地为消费者提供价值，并引领消费者。有两个基本原则可以支持这一愿景，并为我们的所有工作奠定基础：卓越表现和核心价值观。实现我们的愿景，需要在工作的每个环节和企业的每个层面都有优异的表现，并能持续改进。我们所有的业务板块都有清晰而简明的战略陈述，同时，所有运营和职能部门都有持续更新的工作指南，这些指南要求我们招聘、培训和留住多元化的顶尖人才。为了将工作做得更好，每个职能部门都要明确标准，执行流程，从而拿出世界级的表现。

相反，由领导力培训专家肯·布兰查德（Ken Blanchard）创办的肯·布兰查德公司的愿景是"成为全球最优秀的企业人力资本咨询公司"。这简短的一句话显然比吉列公司的愿景更清晰。

鼓舞人心的愿景陈述通常超越了财务目标，指向更大的使命，而这种使命反过来又促进了财务目标的实现。比如，杜邦公司的愿景是"成为全球最有活力的研发公司，提出持续的解决方案，帮助全人类过上更好、更安全、更健康的生活"。让世界变得更安全、更健康，这样的使命能让大多数人感到振奋。

在构建愿景陈述的过程中，最难的部分在于考虑愿景的可行性。有时候，愿景过于崇高，就很难实现。比如，亨利·福特的愿景是"让每个家庭都有一辆车"，与之类似，微软宣称"要让每一台个人电脑都运行微软软件"。如果微软员工从字面上去理解这一愿景，他们可能会感到无所适从，甚至放弃这一目标。当然，亨利·福特和比尔·盖茨提出的愿景应该不是字面意义上的，而是比喻意义上的。若果真如此，那么员工就会用与战略和目标有关的信息做出更周全的判断，相信企业愿景是可以实现的。

有一样东西是宏伟愿景不一定要具备的，那就是愿景的原创性。有时候，变革管理者花了太多时间思考如何让自己的愿景不同于竞争对手。原创性固然可以鼓舞人心，但还有其他方式可以做到这一点。让我跟你分享一个我自己的例子。我从1984年起就是哥伦比亚商学院的老师了。4年后，《商业周刊》第一次对MBA项目进行排名。我们的表现并不好，排名第十四。我们对于这个结果很不满意，没有谁绕着哥伦比亚商学院大厅高呼："我们是第十四名，我们是第十四名！"第二年，新院长梅耶尔·费尔德伯格（Meyer Feldberg）走马上任。他的愿景是要让哥伦比亚商学院成为卓越的商学院，也就是说，我们要在各个方面都成为最顶级的商学院，让我们主要的利益相关人——学生、老师和学术管理团队感到满意。成为最顶级的商学院，这一愿景有什么原创性吗？没有。毕竟，所有优秀的商学院都想成为最顶级的商学院。但这一愿景是否鼓舞人心呢？是的。费尔德伯格院长和他的继任者格伦·哈伯德（Glenn Hubbard）成功地表明，我们可以比之前做得好很多。

在《商业周刊》做了 25 年排名之后，现在的哥伦比亚商学院是什么地位呢？让我提供一些硬数据和一些软证据。自从《商业周刊》开创了商学院排名，其他媒体也陆续加入进来。事实上，对商学院排名已经成为了一项产业。在各种排名中，哥伦比亚商学院通常能排在前十，我们在 2012 年年初的总体排名（基于很多不同调查得出的综合指数）是第五名。很不错！软证据呢？作为一个工作多年的老师，在我看来，我们现在为学生提供的课程要比以往好得多。我们正处于实现前任和现任院长提出的愿景的过程之中。

所有人达成共识

愿景还必须是每个人都能理解的。尽管这取决于愿景本身，也就是说，取决于愿景是否清晰，但它同样取决于愿景的沟通方式。比如，《变革执行调查问卷》第 6 条就是："在整个变革过程中，我经常提醒员工企业的愿景所在。"这里的关键词是"提醒"。如果管理者能时常提醒员工愿景所在，愿景就更有可能被他们记住。从变革管理者的角度来看，提醒员工牢记愿景是一件很无趣的事情，然而他们的确有必要这么做。有一种方式可以让愿景沟通更令人满意（传递者和接受者都满意），那就是在不同的场合强调愿景，比如在年度报告和月度简报上，在员工大会和员工与上司非正式碰面的时候。愿景沟通还需要得到员工的反馈。为了让员工更好地理解企业的发展方向，他们必须要有机会提出自己的看法。

所有人都往同一个方向前进

让所有人都能理解愿景是很有必要的，但还不足以让他们将愿景转化为现实。理解愿景和积极践行愿景之间有着微妙的差别，就像如下概念之间的差别一样："无知与冷漠之间的差别是什么？"答案是："我不知道与我不关心之间的区别。"因此，理解与践行之间的差异就在于：缺乏共同的理解（没能达成共识）意味着无知，缺乏共同的实践则反映了冷漠。在这里，员工是否能往同一个方向前进取决于如何管理愿景或目标。为了让员工践行愿景，必须要做三件事：

◎ 变革管理者必须告诉员工，如果愿景得以实现，对他们有什么好处；

◎ 如果员工知道了实现愿景的好处，变革管理者就应该让员工设计执行方案，即制订时间、地点、人物、方法等工作细节；

◎ 由于变革是一个持续的过程，变革管理者需要提醒员工，他们的工作和工作成果与实现愿景有着怎样的直接联系。

最后一点表明，仅仅强调愿景对员工的好处是不够的，还必须强调员工的工作成果对实现愿景有着重要的作用。因此，变革管理者应该成为"沟通连接者"。一方面，员工做好自己的工作，才能完成变革。另一方面，变革应该有更大的使命感，足以激励员工的行为。"沟通连接者"帮助员工理解他们的工作是如何与变革的宏大使命发生直接关联的。没有谁比玫琳凯化妆品公司创始人玫琳凯·艾施（Mary Kay Ash）把"沟通连接"的作用阐述得更清晰了。如果你让外人描述玫琳凯的使命，他可能会回答说，它就是一家卖化妆品的公司。但在公司员工看来，情况并非如此。玫琳凯·艾施曾经在公开场合说过，公司的使命是帮助女性成为上帝要她们成为的那种美丽尤物。假设你在玫琳凯工作，并且认同玫琳凯·艾施提出的企业使命，你会只把自己的工作视为卖化妆品吗？如果不是，你会怎样定义你的工作？我猜，如果你认同玫琳凯·艾施的看法，你很可能会认为自己是在完成上帝的使命，而不仅仅是在卖化妆品。如果能从这个角度去看待工作，那么员工的工作动机就会更强。简而言之，变革管理者的挑战和机遇不仅仅是制订鼓舞人心的愿景，还要提醒员工，他们的努力与愿景的实现有着直接的关系；不仅要告诉员工，愿景的实现符合他们的切身利益，还要清晰地告诉员工，他们对于愿景的实现发挥着重要的作用。

从不满意到更满意

尽管将事物令人不满意的地方呈现出来，以及提出更有吸引力的愿景对于变革是很有必要的，但这还不够。从不满意的 A 点到更满意的 B 点，这一过程并不会自动发生。变革管理者还要做很多工作，让员工具备相应的能力，并参与到变革之中。这些工作就是吉克在变革管理"十诫"中提到的要素：

◎ 帮助员工与过去告别；

◎ 打造强有力的领导角色；

◎ 寻求政治和社会支持；

◎ 制订执行计划；

◎ 打造参与和能力体系；

◎ 督导和改进；

◎ 沟通、关怀和诚实。[14]

需要再次提醒的是，不要期待自己在各个方面都很擅长，变革管理过程需要所有人的参与和投入。我会用《变革执行调查问卷》中的条目，也就是用现实生活中的具体例子和实证研究结果来阐述每一个要素。

帮助员工与过去告别

员工之所以很难克服路径依赖，其中一个原因在于，他们认为变革意味着：他们之前的努力是不足的或者无效的。如果员工逐渐习惯了某些工作，或者习惯了以某种方式工作，那么他们可能会被这些习惯所定义。比如，查理是某项技术的专家，而企业引入了一项新技术，查理对其并不擅长，那么新技术的引进就会让查理感受到身份危机。如果汤姆多年来一直在企业的战略规划过程中扮演着重要角色，当企业转而采用了新的规划方式，他可能就会觉得自己的劳动成果付诸东流了。此外，由于这种转变的发生方式，他可能不仅会认为自己的劳动成果不再被重视，还会认为它是有缺陷的。

简而言之，员工可能会将变革理解为他们之前的努力不再有效（毕竟，为什么企业要引入变革呢），这可能会让他们感到沮丧和受到冒犯。然而，可能不意味着必定。这要取决于过程是如何管理的。《变革执行调查问卷》第10条解答了这个问题："在告知员工需要改变当前工作方式时，我对那些过去曾经有效的工作方式给予了肯定。"

如果员工相信之前的工作得到了肯定，他们就更容易拥抱变革。对那些长期工作出色或者对企业发展有重要话语权的员工而言，这一点尤为重要，因为肯定他们的工作与他们的身份认同密切相关。为了表达对老员工的尊重，帮助他们拥抱变革，一种非常有效的方法是善用仪式感。比如，一家制造工厂的一个中层管理者同时面临工厂的好几项变革——裁员、搬迁和引进新技术。他被告知，高层不再允许停留于过去的做法，他必须要让自己的团队朝前走。然而，他尽了一切努力，却无法让自己的团队接受变革。他的团队成员非常困惑，就像在经历人生伤痛一样。他没有强行让团队接受变革，而是采用了更聪明的方法。他召集了12个人参加团队成员会议，让他们在一张纸上写下对企业即将发生的一系列变革的看法。他们可以表达希望、恐惧、梦想，简而言之，任何关于变革的想法或情绪。团队管理者依次走到每个成员面前，让他们大声念出自己写下的想法。随后，团队又花了大约一小时来讨论与变革有关的大家共同关心的话题。接着，管理者将写有成员想法的纸收集起来，放到一个鞋盒里，再把团队带到工厂附近的一块空地。他们一起将鞋盒掩埋在地下，给工厂过往的一切举办了一场得体的葬礼。午饭后重返工作时，团队成员仿佛感到笼罩在头上的乌云消散了。只用了短短几小时，他们在心理上就已经释然，并按照高层的想法开展工作了。

我没有建议说，当变革管理者想让员工与过去告别时，他们必须要用这种特别的管理仪式。你也许会认为这种方式过于矫情或者伤感。我只是说，变革管理者可以考虑采用某种仪式。很有意思的是，通过承认这种转变，仪式有助于转变的发生。我们在日常生活中也能感知到这一点。仪式感通常能带来生命的改变，这种现象并非巧合。我们有生日聚会、成人礼、受洗礼、婚礼、毕业典礼、葬礼等仪式。通过仪式来承认变化，我们就有可能发现，变化的发生会更容易。比如，尽管葬礼与逝者有关，但它也是为生者而举办的，可以帮助生者面对失去亲朋的悲伤。如果我们能意识到仪式感在个人生活面临变化时的价值，变革管理者也许就能在组织变革期间更好、更经常地使用仪式，帮助员工与过去告别。

打造强有力的领导角色

长期以来，心理学家都对改变人们行为的机制感兴趣。像 B.F. 斯金纳（B. F. Skinner）这样的行为主义者认为，它与行为的结果有关。如果行为能得到奖赏，人们就更有可能去做不一样的事情。[15] 如果变革涉及更多协同的工作，员工的相互合作比以前更多，那么激励机制就要基于大家共同的表现，而不是个人或小组的表现。在一篇标题起得很好的管理学经典论文《奖励 A 却期待 B 的愚蠢行为》中，史蒂文·科尔（Steven Kerr）认为，企业的激励机制通常是错误的。[16] 然而，像阿尔伯特·班杜拉（Albert Bandura）这样的社会学习理论研究者认为，人们并不总是因为结果而改变行为。人们学习新事物也许是因为看到榜样人物也在这么做。[17]

这两种情况并不矛盾。实际上，正如约翰·科特和詹姆斯·赫斯克特（James Heskett）所认为的，优秀的领导者在两个方面都能做好。[18]《变革执行调查问卷》中的一些条目阐明了这一点，其中有两条涉及榜样人物是如何引领变革的。第 12 条说："当引入变革时，我说到做到，身先士卒，做到变革要求的新的行为方式。"就此而言，变革管理者自己成了榜样人物。当梅耶尔·费尔德伯格成为哥伦比亚商学院院长后，他提出的希望学院成为顶级商学院的愿景并不那么有原创性，却很鼓舞人心。他明白，他将为此筹集大量资金。实际上，他上任那一年正好赶上教职工被要求向学院的年度筹资项目提供资金，一些刚入职的同事觉得这事挺奇怪的。有个同事说，他把这事看成变相降薪的一种方式，也就是被要求把一部分薪水返还给雇主。他们犹豫要不要提供这笔资金，直到发现费尔德伯格院长为这个项目贡献了自己的好几千美元。看到院长身体力行，他们毫不犹豫地决定为学院贡献自己的绵薄之力。

第 14 条是"我主动公布员工支持变革的举动"。就此而言，变革管理者会让其他员工与变革相关的好的做法得到宣传，并将他们作为榜样，让所有员工都能看见。因此，如果企业变革要求员工比以往更加团结协作，那么企业就应该选出相关的榜样，以供其他员工学习。比如，在哥伦比亚商学院的教职工大会上，我们的院长经常以一些员工为例，表扬他们的工作做得很好，并感谢他们为学院实现愿景做出了贡献。这是一件双赢的事情：被表扬和被感谢的一方会把工作做得更好，其他员工则会有一幅更清晰的图景，知道怎么做才能帮助学院走上正确的道路。

到目前为止，我已经探讨了积极的榜样力量能够让其他员工知道该如何去做。我们还能从负面榜样那里学到哪些事情不能做。我们会在哥伦比亚商学院高管领导力拓展项目中开展一项被称作"生命线"（The Lifeline）的脑力激荡练习，参与者被要求描述自己的领导风格，并解释自己的人生经历怎样塑造了这种风格。他们所讲的人生经历也许来自工作之外，或者他们也可能会谈到自己工作上的经历。但在他们的讲述中，有一个共同的主题，那就是榜样人物的重要性。我注意到，有些参与者选择谈论正面榜样的影响，比如上司给了他们信心，或者帮助他们发现了自身的优势。其他参与者则谈到了负面榜样如何告诉他们哪些事情是不能做的，比如，在管理上事无巨细的领导会让员工感到极为压抑。一些参与者喜欢谈论正面榜样，另一些喜欢谈论负面榜样，这种现象反映出一系列问题：是否有些人更容易受到正面榜样的影响，而其他人更容易受到负面榜样的影响？若果真如此，这两类人有什么不同？

佩内洛普·洛克伍德（Penelope Lockwood）、查尔斯·乔丹（Charles Jordan）和姬娃·昆达（Ziva Kunda）的一系列研究直接回答了这类问题。他们发现，正面榜样更容易激发促进聚焦型的人，而负面榜样更容易激发防御聚焦型的人。在一项研究中，受试者完成了出现在"工具C"中的聚焦调节评估。他们被要求写下一段简短的话，描述受到榜样人物激励的情景。你可以选择描述自己是如何受到正面榜样影响的——你也许会发现他人的成功激励了你，因为当你发现那个人很擅长你感兴趣的领域时，你会产生一种也想把这件事做好的希望，从而激发你更加努力地工作，成为卓越的自己；你也可以选择描述自己是如何受到负面榜样影响的——你也许会发现他人的失败激励了你，因为当你发现那个人在你感兴趣的领域表现糟糕的时候，你会产生一种担忧，担心自己重蹈他人覆辙，这会激发你更努力地工作，避免让自己失败。尽管很多受试者选择了写下正面榜样对他们的影响，但促进聚焦型的人比防御聚焦型的人更倾向于这么做。因此，当被问到哪类人物影响了他们的领导风格时，促进聚焦型的人比防御聚焦型的人更容易想到正面榜样。

洛克伍德和她的同事还发现，那些引导人们倾向于促进聚焦或防御聚焦的细微提示，也能够影响正面榜样或负面榜样的激励能量。该实验的受试者是一群本科生，被要求将36个单词划分为3种不同的类型。全部单词中，有24个与烹饪和儿童有关。至于剩下的12个，其中一半受试者看到的单词与成长有关：努力、寻求、追寻、获得、赢取、成功、野心、实现、兴旺、胜利、完成和雄心。而另一半受试者看到的12个单词与防御有关：避免、预防、阻止、反对、错误、惨败、挣扎、不及格、受挫、失望、挫败和失败。受试者被告知该项研究与大学毕业后的生活改变有关，因此所有人被要求阅读他们所在大学的研究生写的一篇文章。

有些受试者读到的文章将作者描述成正面榜样，文中写道："我发现，我获得了一个很重要的博士后学位。两家大公司还给了我很好的职位。现在，我对自己的生活很满意。我知道自己的目标和想法了。我从没想过，我的未来会如此美好。"另一些受试者读到的文章则将作者描述成负面榜样，文中写道："我没有找到一份好工作。我在快餐店工作了很长时间，做了很多无聊的事情。现在，我感到很沮丧。我不确定我的未来在哪里。我既没有能力重返校园，也无法找到一份好工作。这不是我人生所期待的状态。"第三组受试者没有读任何文章（控制组）。

然后，所有受试者要完成一个学习动机测试，测试包含下面这类问题：你们在多大程度上认同"我计划投入更多时间完成自己的课业"？跟预想的一样，比起读了描述负面榜样文章的人或没有读任何文章的人，促进聚焦型的人在读了描述正面榜样的文章后，受到正面榜样的影响会更大。比起读了描述正面榜样文章的人或没有读任何文章的人，防御聚焦型的人在读了描述负面榜样的文章后，受到负面榜样的影响更大。换句话说，与受试者同一类型的榜样对其动机具有积极的影响。

这项研究更有趣的地方在于它表明了，与受试者不同类型的榜样（负面榜样之于促进聚焦型的人，正面榜样之于防御聚焦型的人）不仅激励作用很小甚至没什么作用，实际上还会起到反激励作用。相比控制组中没有读文章的促进聚焦型受试者，那些阅读了描述负面榜样文章的促进聚焦型受试者受到的激励更少。而相比控制组中没有读文章的防御聚焦型受试者，那些阅读了描述正面榜样文章的防御聚焦型受试者受到的激励更少。[19] 受试者对榜样人物类型的不同反应还提醒我们，高品质的变革管理过程需要因人而异。如果变革管理者不考虑榜样人物的类型，那么他们想要通过榜样人物去激励员工的做法就很难奏效，甚至会适得其反。

优秀的领导者通常会让自己或他人成为榜样人物，起到引领作用。他们还会利用好奖励来激发变革。变革激励机制可以是外在的，就像我们前面提到的例子，企业可以通过奖励团队表现而不是个人表现来更多地鼓励团队合作。变革激励机制也可以是内在的，变革所要求从事的新工作本身就可以是一种奖励。比如，就像罗伯特·怀特（Robert White）在他那篇关于有效动机的经典文章中所指出的，人有一种内在的行为动机，那就是自我提升。[20] 然而，问题在于，当员工从事变革所要求的新工作时，他们通常不会把它视为自我提升的机会，至少短期内是这样。

考虑到员工愿意提升能力，但不会在变革早期阶段从这个角度想问题，变革管理者就应该确保过渡期更顺畅，就像《变革执行调查问卷》第13条所阐述的："在变革过程中，我努力确保员工至少会在某些任务上取得成绩。"高品质的变革过程至少可以让员工有机会体验到能力上的某种信心，而这是变革时期所需要的。在那本极富见解的名为《激发内驱力》的书中，特蕾莎·阿马比尔和史蒂文·克雷默写道，员工的核心动机之一是，他们是否相信自己在重要的工作上取得了进步。这种进步以及与此相关的自信并不一定很明显，但一定要让员工感知到，他们所做的是人们在意的工作。

在一项颇有雄心且令人印象深刻的实验中，阿马比尔和克雷默想知道为什么有些团队运转得很好，有些则不然。他们在4个月内观察了不同企业的近250名员工。该研究考察了员工对工作的内在感受与创造力、生产效率、投入度和合作精神等各种工作表现之间的关系。对工作的内在感受包括了员工对工作环境的感知（比如，他们的上司对新观点抱有多大的开放度）、自身情绪（比如沮丧、高兴），以及自身动机（比如，他们对工作有多大的内在兴趣）。结果显示，当员工对工作的内在感受更积极时，他们的工作表现会更好。作者通过阐述提出了建议："对工作的内在感受很好时，员工更有可能专注于工作本身，更加积极地投入到团队项目之中，更愿意把工作做好。"决定员工内在感受的最大因素，就是他们所获得的成就感。[21]

在变革期间，确保员工获得成就感是尤为重要的，这有两方面原因。首先，变革通常会要求员工从事与以往不同的工作。工作具有新的挑战固然很好，但难度不能达到无法实现的程度。如果员工在新工作中尝到了一些成就的滋味，接下来他们就会一直拥有自信心。员工通常会对步子太大的变革感到不舒服，很自然地产生一种挫败感。他们可能更愿意"小步快跑"。明智的变革管理者会为这种积少成多的变革创造条件。

其次，即使变革不需要员工从事新的工作，它所造成的巨大影响通常也会让人感到很有压力。变革威胁到了员工的权力、地位和掌控力。成就感也许是缓解变革压力的最有效的解药。一方面，试图获得成就感的过程会在很大程度上转移员工的注意力。如果你将关注点放在如何才能让这项有意义的工作取得进展上，你沉浸在变革压力中的可能性就会降低。但获得成就感的积极效应并不只是分散注意力这么简单，另一方面，它还能用自我效能感和自我掌控感来取代自我威胁感。

在这项研究中，阿马比尔和克雷默提供了一个很有说服力的案例，表明成就感是如何帮助员工应对变革压力的。有一组员工被要求在 8 天内为公司打赢一场成本高昂的官司。不巧的是，这 8 天时间恰逢国家法定假日，很多员工已经计划好了要出行旅游。这些员工还注意到，几周和几个月前，公司做了几次裁员。实际上，即便他们成功完成了任务，也不能确保未来不会被裁。然而，这群员工之所以还继续参与工作，是因为他们相信自己在一项很有意义的任务上取得了进展。一个 6 个月前还写日记抱怨公司对待她就像丈夫虐待妻子一样的员工写道："今天，我们整个办公室工作起来又像一个真正的团队了。这真是棒极了。我们都忘了眼前的压力，争分夺秒地完成这项重要的工作。我已经持续工作 15 小时了，但这是我几个月中经历过的最棒的一天！"[22]

结果这个团队做得非常出色，为公司节省了 1.45 亿美元。但这还不是关键所在。关键在于，他们工作的这 8 天里，正是那种成就感让他们持续投入，以至于放弃了早已计划好的休假。他们在工作上投入了很多的时间，而公司并没有承诺他们最终能保住自己的工作。

简而言之，阿马比尔和克雷默的成就原则解释了，为什么变革管理者确保员工至少在某些工作上取得成功是至关重要的。此外，为了产生持续激励的作用，成就感不能太轻易就被获得，并且它必须是有意义的。如果成功太容易，就会显得太廉价。我的孩子很小的时候，我曾与他们下国际象棋。有时，我会让他们赢，但我不会做得太明显，否则他们会认为自己并没有赢，是我让他们赢的。在创造成功体验的过程中，变革管理者需要找到平衡点，既要让员工获得成就感，又不让他们觉得成功来得太容易，以至于感觉很无趣。

我再举一个例子。有家企业想要打破隔阂，鼓励不同部门之间增强合作。高管们将这些部门的员工召集起来，与他们一起做户外拓展训练。他们想知道，如果来自不同部门的员工彼此认识，一起开展一些与工作无关的团队建设活动，他们是否能像团队一样行动。与他们在拓展基地参加的活动同样重要的是，他们一起规划拓展训练的过程对于培养协作精神也很有帮助。拓展训练不是团结员工的唯一形式，但它的确能起作用。来自不同部门的员工在这一过程中逐渐黏合在一起。让不同的部门一起规划有价值的拓展训练，是一个很好的契机，也是具有可行性的。然而，真正做起来并不那么容易。在一起规划之前（高管要提供帮助），不同部门的员工很难找到一个合适的时间。

一起规划拓展训练还能消除工作意义方面的障碍。人们常说，从来没有共事过的团队能够就某件具有共同利益的事情进行合作。要想让工作有意义，有很多种方式，但归根结底，它通常要求人们为了某种有价值的事业，或者为了你所在意的人而工作。出色地完成共同规划的拓展训练任务，是让不同团队建立良好关系的一个重要环节。

当然，我并不是说，增强团队之间的合作是一项很简单的工作，仅仅靠变革管理者选择"正确的"任务就可以了。正确的任务指的是那些有意义且具有可行性（但不能让成功来得太容易）的任务。变革管理者能够而且也应该做一些其他工作来推动变革，比如，帮助员工积累必要的资源，尽可能帮助员工扫清工作的障碍，提供人际支持。让我们回到之前那个案例。一个团队工作了 8 天，为他们的公司打赢了一场官司，节省了 1.45亿美元。高管向团队保证，在执行这项特别任务的过程中，他们不需要为其他工作操心。虽然高管不具备这项任务所需的专业知识，但当团队在工作时，他们总是待在工作现场，甚至给员工送去瓶装水和比萨。高管的在场以及他们提供的物质帮助，是非常重要的精神支持。这些工作增强了团队成员的信念：他们正在执行一项非常重要的任务，高管们很欣赏他们付出的巨大努力。[23] 总之，事情并没有那么简单：变革管理者选择一项有意义的任务，保证其能够取得成功，所有问题就解决了。

最后，尽管成就感是一个很重要的动机，同样重要的是，它还能帮助员工设立切合实际的变革期望值。在行为改变方面，员工通常很难做到每天都有进步。这当然不是说，行为改变或进步不是渐进的，而只是说，进步不是线性的。在多数情况下，员工会"进二退一"。只要进比退多，进步就会发生，有些时候进步得快一些，有些时候（希望这种情况较少）进步得慢一些。重要的是，要让员工在变革过程中理解获得进步的这种特点。如果错误地认为进步是线性的，他们就会因不可避免的不良表现而感到挫败。然而，如果能将暂时的挫折看成进步的契机，那么他们就有可能更具韧性，更有信心迈步向前，获得更大的进步。

为进步设定期望值的一个经典案例，发生在我参与运营的一个哥伦比亚商学院高管领导力发展项目的结业仪式上。在总结整个项目的时候，我们让学生说出他们想在管理风格上做出哪些改变。我们提醒他们，不要期望改变是线性的，他们有时候会取得更大的进步，而有时候不会。我们会在 3 个月后联系他们，看看他们做得如何。对他们的正确评价方式应该是看他们在这 3 个月的整体进步有多大。也就是说，他们是否认为，相比于参加该项目之前，在这 3 个月中他们的行为总体上有了显著的改变，而不是以每一天的进步作为评价标准。

寻求政治和社会支持

我们通常是从其他人那里获得关于思想、感受和行为的启发的。对于这种现象，最精彩的一项研究是由所罗门·阿希（Solomon Asch）完成的，他研究了一群普林斯顿大学本科生的从众度。他们每 5 个人被分为一组，围坐在桌前，被告知要参与一项视觉认知测试。他们所看到的信息见图 2-1。

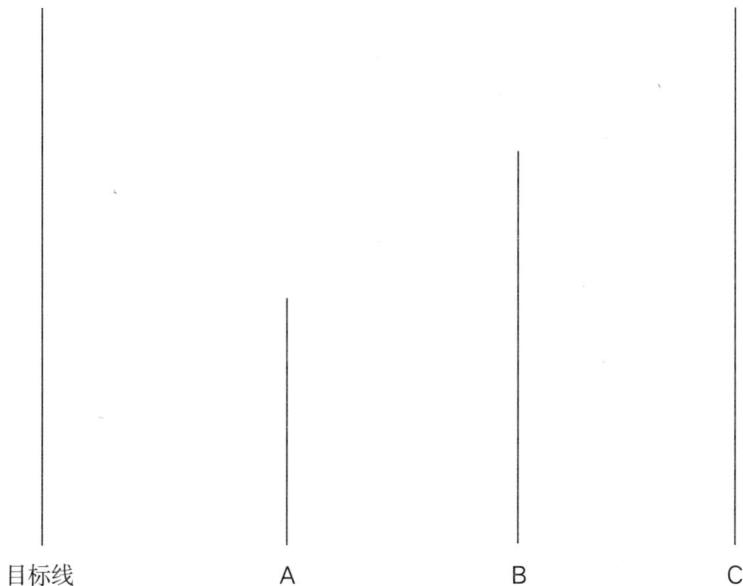

目标线   A   B   C

受试者被要求指出 3 条线（A、B、C）中，哪一条与目标线一样长。

图 2-1 阿希从众实验

    他们被要求指出，A、B、C 中哪条线与目标线一样长。这不是一个很难的问题。受试者很容易看出，正确的答案是 C。然而，围坐在桌前的 5 个人中，只有 1 个是真正的受试者。其他 4 个都是一伙的，是阿希的研究同伴，但受试者并不知道这一点。实验是精心安排过的，4 个同伴先各自发表自己的看法，最后才轮到受试者表达看法。每一个同伴都高声地说，他认为正确答案是 A。你可以想象，这让真正的受试者多么震惊，因为他的眼睛告诉他，正确答案是 C。你认为在这种情况下会发生什么？有多大比例的受试者会跟随研究同伴，认为 A 是正确答案，又有多大比例的受试者会相信自己的眼睛，认为 C 是正确答案？

坚定的个人主义者可能认为，大多数人会相信自己的眼睛，而不是同伴。然而，只有 60% 的受试者回答正确，将近 40% 的受试者给出了错误的答案，虽然他们知道这个答案是错的，但还是选择了其他人相信的答案：A。还有很少一部分人（约 5%）选择了 B。这种情况就好像他们在对自己说："我知道答案是 C，但其他人都说是 A，因此，我还是选择中间选项 B 吧。"[24]

如果人们明知道某个答案是错的，也要认同他人的答案，你就可以想象，在正确答案不那么确定的情况下，人们将如何受到他人的影响。实际上，像利昂·费斯汀格（Leon Festinger）这样的社会心理学家早已证明，在面临不确定性的情况下，人们尤其容易受到社会的影响。[25] 面临组织变革的员工就会有这种不确定感。没有确定答案的问题会导致"饮水机效应"（water cooler effect）①，员工会在私下聚在一起，闲言碎语。比如，如果听到了裁员的传闻，员工就会想知道为什么要裁员，什么时候执行，谁会被裁，谁会留下，之后的事态又会如何发展……实际上，在我和我同事的一项研究中，我们发现，在裁员中幸存下来的员工对于组织的工作投入度，主要取决于他们如何看待其他幸存同事的投入度。那些相信其他同事也很投入的员工（无论这种想法正确与否），都愿意为公司更卖力地工作，而那些相信他们的同事只是在应付工作的员工就不会如此卖力。[26]

组织变革带来了不确定性，而员工在面对这种不确定性时又容易受到他人的影响，这一事实表明，高品质的变革过程需要处理好人际影响的力量。这有点像一个滚下山的雪球。如果你能让某些员工很早地登上变革这条船，其他员工很快就会紧随其后，你就不需要花很长时间去为变革造势

---

① 指几个员工在一起进行的非正式谈话，就像在饮水机旁的闲聊一样。——译者注

了。实际上，这种情况跟我们之前讨论的你该如何成为变革的榜样或者让其他员工成为榜样的情况是类似的。我们接下来要讨论的是，你该如何慎重选择榜样，以及为变革造势的其他方法。

在每个团队中，总有一些人的观点和行为比其他人更有影响力，他们被称为"意见领袖"。我们通常基于一个人的职位高低来决定是否把他视为意见领袖。这的确是一种现实状况，但职位高低并不是衡量意见领袖的唯一标准。个人的品格，尤其是他的可信度，也起到了重要作用。影响可信度的两个主要因素是专业能力和诚信度。我们通常会跟随这样的领导：

◎ 他们理解自己想要表达的内容；

◎ 他们表现出由衷地关心我们的利益；

◎ 他们表现出正直的个性。

环境因素也会影响人们成为意见领袖的可能性。你可能听说过这样一种说法：在地产行业，最重要的因素是位置。类似地，员工在沟通网络中的位置也影响着他们成为意见领袖的可能性。比如，相比那些边缘球员，经常在激烈的比赛中被委以重任的棒球职业联盟明星球员，退役后更有可能成为球队管理者。在图 2-2 所展示的沟通网络中，处于位置 C 的人是最有可能成为意见领袖的。[27] 甚至有证据显示，办公室紧挨着卫生间的员工更有可能成为意见领袖。毕竟，他们有更多机会看见同事经过办公室，并且有更多机会与他们建立联系。当然，有机会与很多人建立联系并不能确保一个人会成为意见领袖。比如，哪怕办公室紧挨着卫生间，可信度很低的员工也不太可能成为意见领袖。为了营造变革氛围，你首先需要知道，你的意见领袖是谁。你需要意识到，这些人可能会以各种方式出现。有时候他们会因为自己的个人品格，比如可信度，有时候会因为环境因素，比如办公室的位置，而成为意见领袖。

每个字母表示一个人

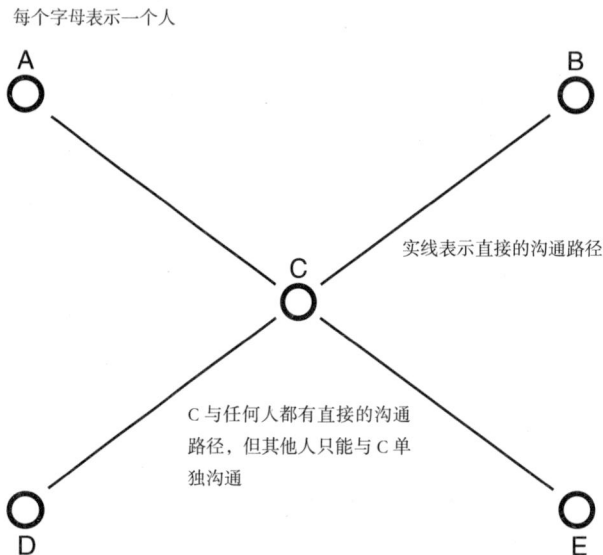

C与任何人都有直接的沟通路径，但其他人只能与C单独沟通

实线表示直接的沟通路径

图 2-2 沟通网络中的位置如何影响领导力

一旦明确了你的意见领袖，你就应该知道他们的立场。他们是与你站在一起，还是反对你，或者表示中立？《变革执行调查问卷》第 15 条表达了做这种评估的必要性："我能了解各方关于变革的看法，是支持还是反对变革。"如果他们反对，或者表示中立，你就应该试图拉拢他们。还可以参见第 18 条："我在意见领袖身上投入了额外的精力，以争取他们对变革的支持。"或许你还可以用不同的方式问他们，为什么他们要反对你，或者表示中立。用沟通专家的话来讲，要看你能否通过沟通说服他们，变革符合他们的潜在利益，从而改变他们不支持变革的立场。如果你不知道

他们为什么反对你，那么就几乎不可能拉拢他们。比如，他们可能是因为不相信变革，所以才不支持你，而这与变革的结果有关。若果真如此，要进一步了解为什么他们怀疑变革。或者，他们可能是因为不喜欢变革进行的方式，所以才不支持你，而这就与变革过程有关。同样，要确定是过程的哪些方面让他们感到不满意，然后看你能否打消他们的顾虑。与意见领袖打交道需要付出额外的时间和努力。然而，这是值得的：如果意见领袖支持变革，他们就会帮你做好宣传工作。但如果他们不支持变革，就会有一股很强的力量来阻止你实行变革。

最后，一旦意见领袖站在你这边，你就应该让所有人都知道这一点，这对于你争取到更多员工的支持是很有帮助的。我在很多年前了解到这一原则，那时我正试图说服我在哥伦比亚商学院的同事聘用一个来自其他大学的教员。同事们让我解释，为什么我认为应该聘用那个人。评价大学教员有三个维度：教学、研究和服务。于是，我整合了所有有说服力的证据。首先，我提供证据表明，这个教员是教学明星；然后，我又呈现了他的学术研究成果，他发表了很多论文，而且全都发布在顶级刊物上，研究课题也非常重要且有趣。接着，我又讲述了他服务学校和同事的事迹。我的同事对这些介绍非常感兴趣，然而，真正让他们信服的一个证据是，我告诉他们，他最近刚拿到斯坦福大学的终身教职。一旦我的同事听说斯坦福大学想录用他，他们就更想聘请他了。为什么？我相信，这是因为斯坦福大学的选择提供了可信度，让我的同事相信了我的看法。今天，我可以高兴地说，那个教员已经在我们学院工作了超过 10 年。

制订执行计划

为了确保执行计划与愿景相符，管理者定期与员工在更宏观的层面谈论执行计划是很有益处的。同时，为了让计划具有可行性，还需要在具体的操作层面加以讨论，也就是探讨人物、内容、地点、时间和方式等计划的细节问题。比如，作为刺激增长行动的一部分，一个拥有超过100家网点的私营零售商最近改变了之前的运营模式，从公司总部做主要的战略决策变为赋予每个网点一部分决策权和执行权。由于意识到网点经理和员工更了解当地顾客，公司首席执行官和他的高管团队决定赋予每个网点经理更大的决策权，实际上就是鼓励他们把自己当作网点的首席执行官。当然，高管团队想要授权给低层级的管理者是一回事，要真正执行这些授权则是另一回事。比如，每个网点的商业决策不再由公司高层来做，而要由网点经理自己来制订经营计划，并将其呈报给公司高管，反过来，这会让双方形成健康的互动关系。此外，一旦网点经理和公司高管就具体的经营计划在原则上达成了一致，高管就能在如下方面发挥重要作用：帮助网点经理获取实现目标所必需的资源，清除实现目标的障碍。正如罗萨贝斯·莫斯·坎特（Rosabeth Moss Kanter）所说，放权并不意味着放任。[28] 即便对低层级的管理者进行了授权，高级管理者仍需要持续扮演重要角色，只不过与之前命令和控制的方式有所不同。

关于制订执行计划，需要记住几个重要的原则。首先，这类计划不会自动执行，它们需要投入人力和时间等资源。比如，零售商需要成立一个工作委员会，其职责是制订清晰、全面和可行的执行计划。其次，制订这一计划所需要的信息分散于企业的不同部门。因此，工作委员会应该由不同职能和不同部门的人员构成。《变革执行调查问卷》第19条表达了这一理念："在制订计划的过程中，我征求了很多人的意见，以便让计划执行到最佳程度。"另外，工作委员会的所有成员也要确保他们提供的信息是准确的，这些信息是通过召开小组讨论和日常的员工会议获取的。通过征求不同部门的意见，一方面工作委员会成员提供信息的过程本身是有价值的，另一方面这些信息最终也会被不同部门贯彻执行。制订执行计划需要付出时间和精力，但它最终是值得的。正如那句古话所说，凡事预则立，不预则废。

打造参与和能力体系

体系是指正式的组织制度安排，比如，政策、程序和涉及人员选拔、培训、评估和奖励的系统。体系还指企业的组织方式，也就是说哪些部门需要被拆分，哪些需要整合。关键是要确保愿景、变革战略与不同的结构要素保持一致。执行计划为发起变革提供了指引，合理的体系则有助于持续推进变革。高品质过程需要让员工参与其中，并让员工具备相应能力，而体系能激励员工朝新的方向努力，并为他们提供变革所需的知识和技能。比如，授予网点经理更大决策权的零售商改变了它的激励机制，以促成变革行为的发生。在执行变革之前，网点经理的薪水是固定的，就算网点经营得很好，他们能拿的额外奖金也不多。但新的激励机制则完全不同：现在，大多数网点经理的薪酬是由网点业绩决定的，固定薪酬只占少部分。零售商还提供帮助，让网点经理具备改变行为方式的能力。比如，所有网点经理都参加了公司组织的正式的、为期数周的培训项目，以提升他们的领导力和战略能力，同时还能增强他们运营网点所需的其他能力。

参与和能力体系能为实质性和象征性的变革提供支持。比如，通过改变激励机制，零售商为变革提供了实质性的支持；通过培训提升运营技能，让网点经理具备了变革的能力。也许同样重要的是，改变激励机制、引入培训项目对变革还具有象征性的意义：两者都体现了零售商为网点经理成功胜任新角色所付出的努力。很多网点经理告诉我，对他们而言，公司真心想让他们胜任新角色这一事实，比改变激励机制更能起到激励作用。打造变革体系的象征性意义是很重要的，《变革执行调查问卷》第22条提到了这一点："我与员工沟通，能力体系的变化如何代表了变革的方向。"

督导和改进

即使变革过程设计得再好，结果也可能出乎意料。因此，不要一开始就预期最好的变革结果，明智的变革管理者要时刻对意外情况的发生做好准备。他们主动督导变革进程，不惧在过程中进行调整。《变革执行调查问卷》的第30条对这种良好的过程管理方式做了总结："我会根据反馈信息，调整相关计划。"公司改变了网点经理的激励机制，基于单店的业绩来决定薪酬，但公司发现这种做法带来了负面结果：网点经理逐渐变得短视。他们不再关心公司的整体利益，而仅仅关心自己网点的表现。公司决定完善激励机制，让网点经理不仅关心自己网点的表现，还要关心所在地区其他网点以及整个公司的表现。

在督导和改进的会议上，员工的身体姿态也会对结果产生影响。通常，会议是在会议室召开的，一群员工围坐在桌前，领导居于正中。然而，有些团队在开会的时候采用了站姿而不是坐姿。比如，2013年年末，一群官员被召集起来，以挽救未能成功发布的《平价医疗法案》(The Affordable Health Care Act)。这个当时所谓的"奥巴马医疗法案"闹得沸沸扬扬，很有争议。该法案意在降低数百万美国居民的医疗成本，然而，当人们试图登录法案的官方网站时，出现了很大状况，网站崩溃了。来自谷歌的网站可靠性工程师米奇·迪克森（Mikey Dickerson），被安排到会议室，组织团队解决这个问题。根据《时代周刊》的报道，解决该问题的关键是，迪克森采用了"站姿"开会。也就是每个人都要站着工作，而不是坐着。从头到尾，迪克森都让他的团队站着工作。为了提高效率，迪克森引入了 3 项规则：

◎ 站着工作是为了解决问题。正如他所说，"有其他很多地方可供你们发挥创造力去相互指责"。[①]

◎ 发言的人必须是最有专业知识和经验的人，而不一定是职位最高的人。

◎ 注意力应该放在最紧急的事情上，也就是说那些很可能在接下来的 24 小时或 48 小时内发生的问题。[29]

　　迪克森团队的故事引发了一项研究：比较站着开会和坐着开会哪个效果更好。迪克森让最有专业知识和经验的人发声，这一规则是为了保证最有用的信息能得到采用。安德鲁·奈特（Andrew Knight）和马库斯·贝尔（Markus Baer）最近完成的一项研究显示，之所以站着开会比坐着开会更能提升信息交流的品质，还有另一个原因：站着开会能让团队成员对彼此的观点抱有更大的开放度。在这项研究中，本科生需要为学校的招生工作录制视频。一半受试者采用坐在桌前的传统开会方式，还有一半受试者也在同一房间开会，但椅子被移走了。围在桌前、坐在椅子上会让人产生一种捍卫自己领地的感觉。相反，移走椅子后，受试者的注意力就从个人空间转移到了更大的空间，即团队整体所占的空间。如果在非独立、非个人化的区域开展工作，受试者在站着开会时更不容易固执己见。他们会彼此倾听，借鉴对方的看法，制作出来的视频比坐着开会的受试者更有创造力、更漂亮。[30]

---

① 这里的意思是，会议室是抓紧时间解决问题的地方，而不是闲聊和扯皮的地方。——译者注

沟通、关怀和诚实

良好的沟通是领导力的重要组成部分，对一个高品质的变革过程来说更是如此。你要说什么以及怎么说，会极大地影响他人是否会从认同 A 观点变为认同 B 观点。比如，有很多种方式可以说服员工为什么不应该再容忍现状，同样也有很多种方式可以向员工呈现符合未来愿景的更好出路。当我们去想优秀的领导如何沟通的时候，浮现在脑海中的经常是领导的表达能力。我们会想起他们讲得很好、富有煽动力、很有存在感的画面。然而，沟通是双向的。正如正确传递或表达信息是沟通很重要的一部分，获取或接受信息也是很重要的一部分。你需要明白，那些受到变革影响的员工会有怎样的感受。从根本上讲，无论你讲话时多么滔滔不绝，你说话的内容和说话的方式并非沟通的全部。真正能够激发员工的是进入他们心里的内容，这意味着你不仅要知道他们听到了什么，还要知道他们对听到的内容有何反应。

当然，如果管理者平时就能了解员工在工作上的感受，那最好不过了。而在变革期间，管理者尤其需要了解员工的感受。在理想的情况下，员工会从管理者那里听到意料之中的信息，并认同管理者的看法。但在变革期间，极有可能发生的情况是，员工要么听到意料之外的信息，要么即便听到意料之中的信息，也不会认同它。变革带来了不确定性、困扰、焦虑，让意料之中的信息更难被员工理解。而且，即便理解了这些信息，员工也可能不会接受，于是试图拒绝它们，或者对它们充耳不闻。实际上，缺乏反馈并不意味着员工正确理解了变革的信息并认同变革，更有可能的情况是，他们根本就不知道相关信息，或者不认同这些信息，或者两者兼有。

如果他们没有听到意料之中的信息，或者不认同这些信息，你就需要找出其中的原因。在向团队宣布一项重大变革之后，我曾与一个高级管理者有过交谈。我问他，他的团队是如何理解这一决定的。他说："我认为一切都很顺利。我的意思是，没有人提出疑问或者提出反对。"然而，仅仅是没人提出疑问或反对，并不意味着他们没有自己的看法。员工会"用脚投票"。因此，如果有潜在的误解或反对的迹象，变革管理者最好尽快了解原因。做好沟通反馈工作的意义是很明显的：变革管理者需要开放的心态，创造互动环境，以便真正了解员工对于变革的想法和感受。其中一种方法就是让员工很容易接近管理者，《变革执行调查问卷》的第25条提到："我会给员工机会，让他们主动就变革进行沟通，比如通过办公室开放政策、办公场合巡视、会议中的问答环节等。"

除此之外，管理者还应该主动接触员工，就像调查问卷第24条提到的："在与员工沟通之后，我会评估他们理解信息的程度。"事实上，在调查问卷的34条内容中，第24条是最少被做到的一条。它表明，变革管理者只传递信息是不够的，还需要走近员工，了解他们是否理解信息，是否认同信息。这需要额外的工作，但正如高品质变革过程的很多方面，做这项工作也是宜早不宜迟。了解员工的误解或反对变革的理由所要付出的时间和精力，远不及变革启动之后应对这种误解和反对所要付出的代价。

如何倾听

无论员工主动与你沟通，还是你主动与员工沟通，你都需要用心倾听员工的感受和反对变革的理由。那么，什么是用心倾听呢？它不仅仅意味着安静地听别人说话，或者给别人以发言权，这些只是表面形式。用心倾听是心智活动和行为的一种结合——从内在角度来看，你真正在思考他人说的话；从外在角度来看，你向他人展现出你真正在思考他们的看法。此外，你可以在两个时间点向他人表明你认真考虑了他们的想法：沟通过程中和沟通结束后。在沟通过程中，你可以通过语言和非语言行为向他人表明你认真考虑了他们的看法。其中，语言行为包括重述对方的话，让对方做进一步解释或阐述，然后在不主宰沟通的前提下谈论你自己的感受，比如"我也有一样的感受，因此我真的很理解你现在的想法"。非语言行为是指你用各种方式向他人表明你的注意力是真正放在他们身上的。不幸的是，现代技术损害了人们的注意力，电脑、平板电脑和智能手机让我们的注意力被分散。我的一个朋友走进她老板的办公室，表达她对最近宣布的一项变革措施的看法。但老板的视线没有离开过他的电脑，头也不抬地对她说："继续说，我在听。"我对我的朋友说，你老板的做法基本上是在告诉你："你可以继续说，但我其实没有在认真听。"

有时候，沟通结束后发生的事情才能表明倾听者是否做到了真正的倾听。假设你的直接下属就变革的执行细节提出了具体建议，验证你是否做到真正倾听的最有力证据就是事后你是否采纳了他的建议。因此，不要觉得他们的建议必须比你的想法更好，或者比现有的方案更好，才会采纳建议。试着降低标准：他们的建议只要不比你的想法或者现有方案更差就可以了。如果把标准拔得太高，他们的建议被你采纳的可能性就会更小，于是，你就失去了一个向员工表明你认真倾听了他们建议的机会。

当然，有时候他们的建议并不可行，不可能被采纳。然而，他们仍需要知道自己的建议被认真对待了。这时，你可以真诚地感谢他们，做出合理的解释，说明为什么他们的建议不可行，但在解释的时候，一定要用一种委婉的方式让他们知道你已经认真考虑了建议。这样，他们就更有可能支持当前的改革，因为知道自己的看法被认真对待了，他们以后也更有可能为企业发展继续提出建议。

简而言之，高品质的变革过程包含了表达和接收的双向沟通。我和丹尼尔·埃姆斯（Daniel Ames）、莉莉·本杰明（Lily Benjamin）最近考察了管理者在沟通的表达和接收方面做得好坏与否对他们的领导力产生的影响。在这项研究中，管理者的沟通能力被自己所熟知的员工评价。他们的表达能力用类似下面的标准来衡量："他能够使用形象的画面及有说服力的逻辑和事实来支持自己的观点"，"在与他人沟通时，他是诚实的、开放的、真诚的"。评价他们的接收或倾听能力的标准则包括："在倾听之后，他能够回应对方所说的内容，将这些内容加入对话中"，"他能真诚地倾听反对意见和不同的观点"。正如我们所料，如果管理者的表达能力很强，员工会认为他们很有影响力。此外，比表达能力更重要的是，如果具备优秀的倾听能力，管理者也会被认为很有影响力。有趣的是，这两种能力相互影响，共同决定着管理者的影响力。那些既有很强表达能力又有很强倾听能力的管理者会拥有更大的影响力。换句话说，这不是 2+2=4 的问题，而是 2+2=5。[31]

你具有开放心智吗

要让倾听变成人际沟通的一个重要部分，就需要让自己成为一个心智开放的人。林恩·米勒（Lynn Miller）、约翰·伯格（John Berg）和理查德·阿彻（Richard Archer）设计了一种测试一个人心智开放度的度量表，被称为"开放者"评估（参见工具 E）。你可能想测试自己这方面的水平，或者让其他熟悉你管理风格的员工来评价你。它可以很好地评判你在多大程度上是一个优秀的倾听者。[32]

1. 变革行动失败的常见原因：

　　变革的性质或内容有问题→没有做正确的事

　　规划或执行过程是错误的→没有正确地做事

2. 激发员工支持变革的 3 种驱动力：

　　对现状感到不满

　　相信有更好的解决方案

　　有良好的体制去改变令人不满的现状，实现更好的状态

3. 高品质变革管理过程：

　　变革 =（D×V×P）> C

　　D 代表对现状不满

　　V 代表为未来提供愿景

　　P 代表执行良好的变革过程

　　C 代表变革成本

4. 高品质过程的操作建议：

　　让员工参与其中，有热情拥抱变革的意愿

　　使员工具备变革所需的工作能力，以克服变革过程中的障碍

5. 变革管理者要做的工作：

　　帮助员工与过去告别

　　打造强有力的领导角色

　　寻求政治和社会支持

　　制订执行计划

　　打造参与和能力体系

　　督导和改进

　　沟通、关怀和诚实

03

要素三：两种认同，
他人认同与自我认同

过程带来的自我认同感越强，意味着它越能让员工
拥有更强的自尊感、身份感和掌控感。

史蒂夫是一个小企业主，多年来他的生意一直在衰落。改变现状占据了他太多的时间和精力。他每周工作超过 70 小时，整个过程让他筋疲力尽。他的家人都要靠他养活，因而他的压力很大。然而，就在事业低谷期间，他决定每周在自己的社区做 5 个小时义工，教不识字的成年人学习阅读。他的这种做法令我感到惊讶，我问他怎么做得到两头兼顾。他的回答很简单："就我目前的生活状态而言，不这么做反而令我不安。"

彼得是一家大型金融服务公司的中层管理者，极具雄心壮志。但有一个问题，有时候他的固执己见和刚愎自用影响了他。一旦下定决心，他就不会在意其他人的不同声音，一意孤行。比如，在得知他所领导的项目比预期表现差得多之后，他自己投入了双倍的努力，试图扭转局面。多数理性的局外人都认为，他应该及时放弃这个项目，但这不符合彼得的一贯做法。

有一天，他的老板问他是否愿意在公司即将开展的一个项目中扮演导师角色，彼得同意了，并且他欣喜地发现，他很享受当导师的过程。首先，看到他的学员获得了进步，让他觉得很有成就感。此外，成为导师很符合他一直坚持的价值观：回馈他人。他的同事注意到彼得发生了变化。

成为导师后，在面对不同看法时，他很少固执己见了。不再像以前，现在他会吸收不同的信息，仔细考虑它们，有时会因此改变自己的想法。为什么成为导师会让彼得的心智变得更开放，甚至面对那些与教导无关的信息时也是如此？

这两个案例从另一个侧面诠释了什么是高品质过程。在第 1 章，我们讨论了过程的公正性是过程品质的重要决定因素。在第 2 章，我们探讨了一系列相关的因素，它们塑造了变革管理的过程品质。在整个讨论过程中，我们认为，高品质过程的本质是要让员工具备相应的工作技能（使他们更有能力完成本职工作），让员工积极投入变革（使他们更有动力完成本职工作）。

当然，为了增强员工的参与感，管理者很有必要了解他们的需求。尽管对员工需求的全面分析超出了本书的讨论范畴，但有一点是很清楚的：我们希望以某种方式评价自己。著名社会心理学家克劳德·斯蒂尔（Claude Steele）说得很好：人们都想给自己树立一个好的形象（自我认知和自我形象），比如，我是一个适应性强、有较强道德感的人，也就是有专业能力、品格优秀、诚恳、率直、可靠，能够有自由选择权，能够掌控重要的结果。[1] 这些不同的自我认知构成了斯蒂尔所说的"自我完整性"，它包含了三个不同的方面：自尊感、身份感和掌控感。自尊感是指人们有多认可自己，它通常通过能力和品格来衡量。身份感是指人们对自己个性的认知，它通常由诚恳、率直和可靠来衡量。掌控感是指人们将自己视为行动主体和有影响力的人，它通常意味着人们认为自己有能力进行自由选择，也有能力掌控重要的结果。[2]

自我认同理论

基于人们会寻求自我完整性的理论，即把自己看作有自尊感、身份感和掌控感的人，克劳德·斯蒂尔发展出了自我认同理论。这一理论的一个非常重要的智力成果是，它为看起来各不相同的社会心理现象提供了统一的解释。比如，回顾利昂·费斯汀格于 20 世纪 50 年代在认知失调方面的开创性研究，社会心理学家认为，人们总是试图在自己的信念和行为之间保持一致。[3] 因此，如果我们做了有违我们信念的事，我们就会改变自己的信念，使其与自己的行为保持一致，特别是当行为不存在明显的外部理由时。比如，在一项研究中，受试者做了一件与他们信念完全相反的事情：他们吃了油炸蚱蜢。一半受试者在实验过程中得到了研究人员的友好对待，另一半受试者则被不友好的研究人员引导去吃蚱蜢。之后，所有受试者被问到吃油炸蚱蜢的感受如何。那些受到友好对待的受试者对吃蚱蜢这件事感到很不舒服，而受到不友好对待的受试者更能接受吃蚱蜢这件事。[4] 为什么呢？如果研究人员很友好，受试者就会感到不好意思，而把这当成一个外部理由去帮助研究人员完成吃蚱蜢的任务。然而，如果研究人员不友好，受试者就必须用另外的理由说服自己吃下蚱蜢，这类理由可能是，吃油炸蚱蜢好像并没有想象中那么糟糕。

克劳德·斯蒂尔没有简单地将人们在信念和行为之间保持一致视为理所当然，他进一步问了一个重要的问题：为什么人们会寻求保持一致？其中一个答案是，不一致会威胁一个人的自我完整性。比如，我说出或做出某件事，私下里却相信另一件事，我就很难认为自己是一个诚恳、率直、可靠的人。换句话说，并不是不一致本身会困扰我们，而是不一致所带来的负面意义会影响我们对自己的评价。检验这一理论的一种办法是，让一个人在做了违背自己信念的事情之后，评价自己的自我完整性。此外，受试者获得自我认同的可能性并不一定与是否做违背自己信念的事情有关，只要自我认同行为能让人们感受到自尊感、身份感和掌控感，比起控制组中没有这种感受的受试者而言，前者根据自己的行为来改变自己态度的可能性就会更小一些。

斯蒂尔通过一个实验检验了他的理论。所有受试者都要做违背他们信念的事情（类似于吃油炸蚱蜢）。一半受试者被给予了自我认同的机会：他们完成了一项关于自我认同的价值评估调查，评估内容包括他们的政治观、经济观、审美观，以及其他重要价值观。回答这些调查问题的过程实际上在唤起受试者对于内心深处价值观的感受，而这一过程就是自我认同的过程。另一半受试者则没有被提供自我认同的机会。结果显示，相比于没有被提供自我认同机会的控制组，被提供自我认同机会的受试者更不容易根据行为来改变自己的信念。[5]

吃蚱蜢这件事离我们的生活和工作太遥远，然而，事实证明，在企业裁员之后，自我认同的过程对于维持员工的效率和士气是很有帮助的。我和巴蒂亚·维森菲尔德（Batia Wiesenfeld）、克里斯·马丁（Chris Martin）做了一项研究，让受试者见证一次过程不公正的裁员，结果显示，这对留下来的员工产生了负面影响。我们需要再一次问这样一个问题：为什么过程不公正的裁员会对"幸存者"产生负面影响？一种可能的原因是，"幸存者"将不公正的裁员过程视作对他们自我认同感的威胁。雇主所传递的表面信息是，我们没有做到过程公正，是因为我们并不重视和尊重我们的员工，而这不仅会伤害被裁员工的自尊心，也会伤害"幸存者"的自尊心。过程不公正的裁员还可能威胁到"幸存者"对未来的预期，以及他们的掌控感。

如果过程不公正的裁员影响了"幸存者"的自我认同感，那么让"幸存者"有机会实现自我肯定，就能降低不公正裁员的负面影响。为了检验这一理论，在我们的研究中，有一组受试者先是见证了不公正裁员的过程，然后又完成了一项关于自我认同的价值评估调查，另一组见证了不公正裁员过程的受试者则没有接受这项调查。结果显示，相比于没有接受自我认同调查的受试者，接受了自我认同调查的受试者反馈更积极，更愿意为研究人员做更多额外的工作，情绪上的感受也更好。事实上，那些见证了不公正的裁员过程但又接受了自我认同调查的受试者，其表现与另一组见证了公正裁员过程的受试者一样好。[6]这些结果表明，不公正的裁员过程本身并不会对"幸存者"产生负面影响，而不公正过程所蕴含的负面意义对"幸存者"的自我认同感产生了负面影响。

从表面上看，行为与信念的不一致与不公正的裁员过程之间没什么关系。但在更深的心理学层面，两者有诸多相似之处，如它们都会威胁到自我完整性。给予人们自我认同的机会，哪怕这种机会与具体的自我受到威胁的经历无关，也足以抵消人们的挫败感。在这种情况下，人们不会根据行为去改变自己的态度。如果经历了不公正的裁员过程，又被给予了自我认同的机会，人们的反应也不会变得很消极。

我们已经讨论了自我认同的好处，现在我们可以更好地解释本章前面提到的两个人的行为了。为什么史蒂夫在自己工作非常繁忙并且筋疲力尽的情况下，仍愿意承担额外责任去做社区义工？为什么彼得在成为企业导师之后心智变得更开放了？对自我完整性的认同为这两个问题提供了答案。史蒂夫的日常工作总是威胁着他的自尊感、身份感和掌控感。他需要做一些自我认同的事情。在社区做公益是一剂很好的解药。坦白讲，他在帮助成人文盲学习阅读方面比在扭转自己的生意局面方面做得更出色。在做义工那几个小时中，他觉得自己是有能力的，对自己是有掌控感的。他甚至说，尽管经营生意和做义工之间没有客观联系，做义工也有助于他缓解生意上的压力。做公益给他带来的自我认同感反过来又帮助他改善了经营状况。

一旦我们明白了彼得特别排斥新信息的理由，就能理解彼得发生的变化了。原来，作为一个决策者，彼得一直都对自己的能力很不自信。在他看来，不坚持自己最初的决定，就等同于承认他的决定是错误的。通过坚持自己的观点来向他人表明观点是正确的，还有比这更有效的方式吗？彼得没有把采纳新信息看成变革的润滑剂，而是看成对自己犹豫不决或能力缺陷的证明。然而，当他成为导师之后，一切都改变了。原来彼得一直想成为一名教师，进入企业工作纯粹出于功利的考虑。导师的角色让他能够表达自己的核心价值观，他也成功地帮助他人实现了成长，这成为他获得自尊感的重要途径。当导师的经历给予他的自我认同感让他的行为方式发生了改变，在做日常工作，尤其是碰到与自己观点相对立的看法时，他的心智变得更加开放了。他不再把对立的看法看作对自己的威胁而加以排斥，相反，他能以客观的标准去评判新信息的价值。通过成为一个心智更开放的决策者，他成了一个更优秀的领导。

自我认同感越强，过程的品质越高

明白人们需要自我完整性，为我们提供了一个不同的视角去评估过程的品质。我们不仅要关注过程的特征，比如第 1 章探讨的公正性，或者第 2 章探讨的由不同要素构成的模型："$(D \times V \times P) > C$"，[7] 还要基于过程接受方的心理体验去评估过程的品质。过程带来的自我认同感越强，意味着它越能让员工拥有更强的自尊感、身份感和掌控感，因此过程的品质也会越高。可见自我认同感很重要。

从员工刚进入公司，到员工离开公司，他们被公司对待的方式或多或少会影响到他们的自我认同感。让我们来看看员工在公司效力的不同阶段的情况。刚进入公司的时候，他们被要求掌握工作所需的技能，以及了解更宏观层面上的公司文化。入职初期是员工进入工作状态的关键阶段，因此让员工尽快适应工作环境是很重要的。一旦员工开始工作，企业就应该想办法激励他们尽可能把工作做好。具有前瞻性思维的企业知道，只用短期手段激励员工是不够的，还需要想办法帮助员工成长，使其获得长期进步。除了员工在企业效力的不同阶段，持续变化的外部环境也是一个需要考虑的重要因素。因此，无论员工在公司待了多长时间，他们都会被要求做不同的工作，或者以不同的方式做同样的工作。企业处理员工在任期间这些问题的方式至关重要。实际上，正如我们将要看到的，对这些不同问题的处理细节可能会影响员工的自我认同感，从而对他们的工作效率、士气和整体幸福感产生显著影响。让我们先来看看相关案例，然后再考虑如何将这些案例应用于自己的实践。

让员工尽快融入新环境

回想一下你进入当前公司的最初几天和几周的情形。我想那段时间你的心情肯定很复杂。你可能会感到兴奋、紧张，也许还很没有安全感——你不知道如何才能把工作做好，不知道公司对你有何期待，不知道你加入公司的决定是否正确，等等。大多数企业都知道，新员工没有安全感，这也是企业通常会投入大量精力和资源去培训员工的原因。培训新员工既是企业的责任，也是企业的机会。说它是责任，是因为新员工需要得到企业的帮助，来消除不安全感。说它是机会，是因为当员工没有安全感的时候，他们特别容易受到信息传播方的影响。管理者对待员工不安全感的方式会对员工产生巨大的影响。实际上，比起员工没有安全感时，更有安全感的日常工作状态能让管理者从员工那里获得更大回报。因此，管理者在员工入职阶段如何做好培训，以及如何以高品质过程来完成这项工作，会对员工的工作效率、士气和满意度产生持续的影响。

让我们来看看创业公司招聘新员工的经验。培训新员工的常见方式包括：对他们将要从事的具体工作进行技能培训；在更宏观的层面上，让新员工认可和适应公司的价值观，让他们知道自己应该有怎样的行为方式。企业通常会向新员工介绍企业的历史、价值观，以及为什么他们应该为加入这家企业而自豪。这种介绍的主要目的是让新员工对企业增加感性认识。想一想，除了向新员工介绍企业历史、价值观等，还有没有与新员工增进感情的其他方式？是否可以设想如下方式：由雇主来主动了解新员工，让他们说出自己的独特优势，也就是他们的价值观是什么，他们擅长什么，他们如何在既有的工作条件下发挥自己的独特优势？

丹·凯布尔（Dan Cable）、弗朗西丝卡·吉诺（Francesca Gino）和布拉德·斯塔茨（Brad Staats）的一项最新研究比较了印度商业外包服务龙头威普罗公司所采用的3种不同的入职培训方法。如果你在买机票的时候遇到了问题，或者在配置打印机的时候需要技术支持，你可能就会联系威普罗电话呼叫中心。在印度，大多数电话呼叫中心的工作是很有压力的。员工经常会遇到很难缠的客户。此外，员工还被要求掩饰自己作为印度人的身份，比如，采用西式口音和沟通方式。毫不奇怪，印度电话呼叫中心的员工离职率高达50%~70%。在这项研究中，第一种方法是威普罗公司经常采用的，包括培训员工技能，向员工介绍公司愿景（控制组）。第二种方法包含了第一种方法的所有内容，同时又增加了强调组织认同的内容

（组织认同控制组）。这些认同包括：

◎ 由高层领导和明星员工介绍威普罗公司的价值观，以及为什么它是
一家好公司；

◎ 听完介绍后，新员工要回答一些问题，比如，"听了关于威普罗公司
的介绍，你觉得成为它的员工会在哪些方面让你感到自豪？"；

◎ 员工之间讨论他们自己给出的答案。然后，新员工会被分到两件
运动衫，上面印有公司的标志，在整个培训期间，他们都要穿这
件衣服。

第三种方法包含了前两种的所有内容，但增加了一些关注员工自我认
同感的内容（个人身份控制组）。比如，高层领导在介绍中强调，在威普
罗公司工作可以让新员工表达自我，创造新的成长机会。然后，这些员工
参加了一个名为"海上失踪"的游戏，它只能一个人玩。游戏要求参与者
想象他们正坐在救生筏里，漂浮在海上，他们需要对筏里的 15 件物品按
重要性进行排序。他们还被要求思考其他人是如何排序的。然后，他们被
问到如下 4 个问题，它们都与定义"最好的自己"有关：

◎ 哪三个词可以最贴切地描述你这个人？

◎ 你有什么独特之处，能够让自己在工作的时候很开心，并且拿出最
好的表现？

◎ 能否描述一个你凭借自己的天赋做成了某件事的场景？

◎ 你如何把这种天赋用到工作当中？

接着，员工要将"最好的自己"介绍给其他将与之共事的员工，并且

讲述自己参与"海上失踪"游戏的心得。在这个过程中,他们也会收到两件运动衫,上面也印有标志,只不过这一次不再是公司的标志,而是他们自己的名字。

这项研究的结果令人震惊。在接下来的 6 个月中,个人身份控制组的离职率显著低于其他两个组,客户满意度也显著高于第一个控制组。[8] 尽管关注员工的个人身份感会带来正面结果,但有些读者还是会怀疑这个结论。比如,怀疑者可能会认为,在培训过程中,个人身份控制组的员工被给予了太多表现的机会,而更少受到雇主的控制。但情况并非如此。在个人身份控制组中,让员工适应工作环境的责任仍是由雇主和新员工共同承担的。一方面,受试者被要求表明自己的独特优势,以及如何在工作中运用这些优势。另一方面,雇主至少在两个方面对培训过程进行了控制。首先,在被要求表明自己的独特优势之前,个人身份控制组中的员工也会参与传统的其他培训过程。其次,受试者并不能随心所欲地发挥自己的独特优势,在把优势运用到工作场合之前,他们仍需得到雇主的同意。

在应用这项研究成果的时候,雇主可能还会产生另一种担心:在实际过程中,他们没有充足的时间完成个人身份控制组所进行的那些互动环节。然而,全部互动环节只需要 1 小时,每个环节 15 分钟:

◎ 由威普罗公司的高管讲述,为什么新员工在公司工作会有自我展现的机会;

◎ 让新员工参与"海上失踪"游戏,以展现员工的个性;

◎ 让新员工讨论他们对于"海上失踪"游戏的心得与其他同事有何不同;

◎ 让新员工完成独特优势的问卷调查。

尽管整个过程只有 1 小时，但个人身份互动环节还是在接下来的 6 个月中降低了员工离职率，提高了客户满意度。考虑到这种做法的性价比很高，也许我们可以更有信心地问，其他公司有什么理由不在新员工培训中采用同样的做法呢？

持续发挥作用

凯布尔和同事进行的研究表明，在让新员工融入新环境方面，过程的细微差别就能帮助他们获得一个良好的开端。当然，确保他们走在正确的方向上也同样重要。幸运的是，带来自我认同感的管理过程不仅在员工加入企业的初期有效，还能在之后持续发挥作用。它在今天也许比以往任何时候都显得更为重要，因为今天人们工作的目的已不仅仅是获得一份薪水，还希望工作本身能给他们带来内在价值感。组织心理学研究者理查德·哈克曼和格雷格·奥尔德姆（Greg Oldham）就内在动机提出了两个非常重要的问题。首先，当受到内在动机驱动的时候，人们的具体感受是怎样的？其次，企业如何在工作环境中让员工拥有这种感受？比如，当员工觉得工作很有意义时，他们就会产生内在动机。当他们的工作允许他们使用不同的技能而不是单一技能，当他们可以从头到尾参与一个项目而不只是在其中一个环节扮演"螺丝钉"的角色，当被告知他们所做的工作非常重要时，他们就能体会到内在动机。[9]

同样，当人们体验到自尊感、身份感和掌控感时，内在动机也会被激发。企业的挑战在于，如何为员工创造一种工作环境，使他们产生自尊感、身份感和掌控感。有一种方法可以让管理者激发员工的内在动机，那就是向员工阐述企业的愿景和基本价值观，向员工表明他们的工作可以帮助企业实现很有意义的使命。

亚当·格兰特和他的同事最近发表的一篇论文介绍了一种特别有效的方法：让使用企业产品或服务的终端用户来告诉员工，他们的工作对用户的生活产生了多么重大的影响。比如为大学募集资金，这项工作通常要打电话给校友募资。它是一项重复又无趣的工作，打电话的义工听到最多的一个字就是"不"。格兰特发现，让义工简短地拜访获得了奖学金的学生，就能使他们更有动力去为募资付出更大努力。"简短地拜访"是指 5 分钟，而"付出更大努力"是指义工募资的周效率提升了 400%！[10]

在另一个相似的场景中，很多医生表示，他们工作最大的成就感来自看到病人因得到自己的医治而变得健康。然而，像放射科医师和病理医师等一些医生，则没有机会体验到这种成就感，因为他们没有多少直接接触病人的机会，但我们可以通过向他们展示其工作成果对病人的积极影响，来让他们获得这种成就感。一项最新研究支持了相关结论：仅仅向放射科医师展示病人的照片就能显著提高他们的工作效率和士气。研究结果显示，比起那些没有被展示病人照片的放射科医师，他们的工作效率提高了50%，并且感觉自己"更像一名医生了"。[11]

亚当·格兰特表明，从终端用户那里获得积极反馈比从管理者那里获得同样的反馈，更能激发员工的内在动机，因为终端用户的评价更具说服力。来自终端用户的反馈是直接的，更可能提供未经粉饰的真实信息，而管理者不一定真的理解产品或服务的价值，因此无法告知员工真相。他们更有可能出于私心夸大产品或服务的价值，因此也不太可能告知员工真相。[12]

企业已经想出很多方法，让员工从终端用户那里获得反馈。比如，富国银行就让员工观看视频，客户在视频里讲述银行低利率贷款是如何帮助他们应对高负债率的。另一种方式是写感谢信。在持续更新旅行信息的图书出版机构同行出版社（Let's Go Publications）中，管理者将读者的感谢信展示给员工，他们出版的旅行图书帮助这些读者避免了在国外旅行遇到危险的情形。

有一次，我亲自见证了展示客户感谢信的激励效果。作为哥伦比亚商学院高级管理人才教育项目"强影响领导力"（High Impact Leadership，HIL）的教务主任，我经常在项目结束后收到学生的来信，说这个项目让他们受益匪浅。让我们来看看其中 4 个学生写的信：

（3 个月后）不得不说，如果没有参加 HIL 项目，我不敢确信自己能否像现在这样思维清晰。老师授课质量很高，我完全能听懂。可以说，这个项目改变了我的人生，我将永怀感激。

（5 个月后）在 HIL 的经历令我永难忘怀，持续改变着我的生活。我刚与我的老板进行了年度工作反馈，这样的反馈简直棒极了！

（6 个月后）我真的很喜欢这个项目。我学到的 360 度反馈法帮助我改进了工作。上周，在不同场合，我分别从我的上司和下属那里得到了表扬，他们注意到，自从我参加了 HIL 项目，我的管理风格有了显著进步。

（1 年后）在广泛寻找了一年之后，我最近被公司擢升为全球副总裁。这种巨大进步源于我对我的领导技能有了自我认知，感谢 HIL 项目让我有了这种进步。

这些感谢信让我们对过去的表现感到满意，也对将来的前景充满了期待和动力。这些信是一种强有力的鞭策，让我们更有责任和动力去把 HIL 打造成一个一流项目。"我们"这个词很重要。我很幸运能与卡琳·布洛克（Caryn Block）、鲍勃·赫尔利（Bob Hurley）和马克·基法布尔（Mark Kiefaber）等极具才华的教师在 HIL 共事。一收到这样的信，我就会立即把它们分享给布洛克、郝尔利和基法布尔。他们都说，这些信进一步点燃了本已高昂的工作热情。

感谢视频和感谢信能起到激励作用，与终端用户面对面的现场反馈则更是如此。医疗设备公司美敦力（Medtronics）采用了好几种这类方式。一种是把终端用户带到员工面前。在公司每年的年会上，最有意思的一个环节就是，病人在现场讲述公司的产品如何改善了他们的健康。另一种方法是把员工当成终端用户。美敦力的惯用做法是，让工程师、销售员、技师亲自体验公司的医疗设备。这能让那些很少接触到终端用户的员工亲身感受自己的劳动成果。

付诸实践

具有内在动机的员工，其工作效率和士气会更高，这一理念并不新鲜。对雇主而言，更大的挑战在于，如何将这一理念付诸实践。本书一以贯之的一个重要主题就是探讨如何让雇主把理念付诸实践，从而为企业带来巨大的改变。有些做法就比其他做法更能让员工获得自我认同感。正如印度电话呼叫中心的案例所显示的，让员工说出自己的独特优势，并将这些优势应用在工作中，就是一种很好的方法。而亚当·格兰特和他的同事发现，由终端用户向员工做出积极反馈，比由管理者来做这件事更能激励员工。

通常，激发员工拥抱变革的人是企业管理者，管理者需要让工作更有内在价值。如果员工具有了内在动机，他们工作起来就会更自觉。如果员工能完整地参与一个项目，就会具备工作自觉性和任务认同感。比如，病人从进入医院到离开医院的全过程都由某一位护士看护时，这位护士就具有了任务认同感。

虽然管理者对工作方式的调整能够提升员工的工作效率和士气，但这些积极因素通常维持不了太长时间。几周或几个月之后，员工的效率和士气又会回到原来的水平。要是换一种工作调整方式，又会如何呢？比如，调整的动力来自员工本人。员工调整工作方式以适应变革，这种做法被称为"工作规划"（job crafting）。相比于传统的由管理者为员工调整工作方式的做法，为什么工作规划能让员工拥有更强的自我认同感呢？至少有两方面原因。首先，由员工发起工作方式的调整，会让变革与员工产生更紧密的联系。正如阿米·瑞斯尼斯基（Amy Wrzesniewski）和她的同事所说："通过调整自己的工作方式，适应自己的个性需求、动机和价值观，员工就会对工作性质的改变做出持续的积极响应，而不像由管理者去调整员工工作方式那样，只会有短暂的积极响应"。换句话说，通过员工的工作改进来推进相关的变革工作，更能增强员工的自我认同感。其次，如果调整是由员工主动发起的，除了能带来自我认同感，工作规划的过程还会让员工体验到一种掌控感。[13]还记得前面提到的养老院实验吗？比起由看护人员决定何时浇灌植物、何时看电影的老人，能够自己决定何时浇灌植物或者选择哪天晚上看电影的老人精神状态更好。[14]

在对工作规划的深入分析中，阿米·瑞斯尼斯基和简·达顿（Jane Dutton）发现，实际上任何类型的工作都可以得到重新界定。此外，工作规划至少有三种方式：

◎ 改变任务边界，这意味着调整员工的任务数量和类型；

◎ 改变对工作的认知边界，这意味着调整员工对工作的看法或定义；

◎ 改变人际关系边界，这意味着调整员工工作中合作对象的数量和类型。

比如，即使是医院清洁工这样低技能的工作，工作方式也能得到改进。在一项相关研究中，那些重新界定了自己工作的医院清洁工做了职责范围之外的工作，他们还会调整自己的工作时间，以配合所服务区域的其他工作（改变任务边界）。并且这些优秀的工作规划者不会把自己的工作当成分散的任务，比如只打扫病人的房间、大厅等，而是当成一个整体，目的是改善病人的就医体验（改变对工作的认知边界）。此外，优秀的工作规划者还会主动营造愉快的工作氛围，比如友好地对待病人，帮助访客找路，与护士配合良好（改变人际关系边界）。[15]

最近，瑞斯尼斯基、格兰特和他们的同事所做的一项研究考察了员工是如何受到工作规划影响的。在描述了工作规划的好处之后，我打赌你肯定以为我会说它可以提升员工的工作效率和士气。的确，它有这样的效果，但情况更复杂，也更有趣。受试者来自总部位于美国西海岸的世界500强科技公司，在销售或行政部门工作。他们在工作时间参加了一个简短的（90~120分钟）职业发展研讨班。所有课程都被设计用于鼓励受试者将自己的工作看成有可塑性的，从而能激发他们重新界定自己的工作。受试者被分成三个组，分别探讨三类不同的主题。第一组的主题只与工作规划有关，受试者用"前模式"（before diagram）描述了他们现在从事的工作，然后用"后模式"（after diagram）设想了他们想要从事的工作。第二组的主题只与技能提升有关，受试者用"前模式"描述了他们当前拥有的与工作有关的知识、技能和能力。然后用"后模式"设想了他们希望拥有的知识、技能和能力，以便在工作中表现得更好。第三组涉及前面两个主题，受试者既描述了工作规划的前后模式，又描述了技能提升的前后模式。三个组的受试者还被要求写下，在接下来的几周他们愿意采取哪些措施，将工作或技能上希望发生的变化变成现实。此外，在描述"后模式"的时候，三组受试者都被要求在理想和现实之间取得平衡。研讨班结束后，研究人员分别在两个时点对受试者的工作表现和士气进行了评估：6周之后（短期评估）和6个月之后（长期评估）。

无论短期还是长期，那些只参加了技能提升研讨的受试者，工作规划实践对他们没有产生任何影响。此外，与前面提到的由管理者来调整员工工作方式的效果一样，那些只参加了工作规划研讨的受试者在短期内展现出了积极的效果，在研讨班结束后的6周之内，他们的工作表现和士气显著提高，但6个月之后，他们的工作表现和士气又回到了之前的水平。只有研讨了两个主题的第三组，效果持续时间最长。就这一组而言，6周内的工作士气与前两组差别不大，但6个月后的士气明显好于前两组。而且，他们在6周内的短期工作表现有显著下降，但6个月后，他们的表现要稍稍好于参加研讨班之前的水平。[16]

为什么只参加了工作规划研讨没参加技能提升研讨的受试者只能在短期内提高工作效率和士气？为什么参加了两个主题研讨的员工在短期内没能产生积极效应，却在长期呈现出良好的效果？为什么那些只参加了技能提升研讨的员工无论短期还是长期都没能从中受益？在调整自己的工作方式方面，相比于参加了两个主题研讨的受试者，那些只参加了工作规划研讨但没参加技能提升研讨的受试者主动性更差。换句话说，只参加了工作规划研讨的受试者在想象改变工作方式所带来的变化程度方面，不如参加了两个主题研讨的受试者乐观。只有主动调整工作方式，才能让员工体验到认同感和掌控感，而这两种体验是激发内驱力和满意度的核心因素。那些只参加了工作规划研讨的受试者提升了自己的工作表现，但也只是短期而不是长期的表现。

也许是因为有更大的主动性，那些参加了两个主题研讨的受试者可能在刚开始就意识到当前的工作状态（前模式）与未来状态（后模式）之间的差距，这让他们感受到了自我挫败。他们可能会想："我愿意以积极的态度拓展工作边界或提高工作表现"；"为了让被重新界定的工作取得成功，我需要提升相应的技能"；"在我的技能符合工作要求之前，我还有很长的路要走"。于是，就短期而言，他们的认同感和掌控感被技能的缺失感抵消了。难怪短期内他们没能提升工作效率和士气。

然而，其他一些因素却能让他们在长期做得更好。正如我们所知，表现取决于动机和能力。6周时间对技能提升来说太短，6个月则足够了。因此，6个月后他们有更强的能力拿出更好的表现。同样，现在他们甚至更有动力去做之前没有能力做好的工作，因为我们经常有动力去做不断提升能力的事情。此外，他们很可能会进入良性循环。正如他们会通过提升技能来适应调整后的工作，随着时间的推移，技能的提升反过来又会激发他们探索新的工作边界，如此往复。

鼓励员工改变工作态度、提升工作技能，这种做法难道不会让企业面临失去优秀员工的风险吗？有一种质疑的观点认为，良性循环带来的一个自然结果就是员工有了另觅高就的想法和能力。实际上，在研讨班结束8个月后，那些参与了两个主题研讨的员工更愿意承担新的工作角色，其意愿是只参加了其中一种主题研讨的员工的2倍。然而，这种角色转变绝大多数（超过90%）发生在企业内部，要么是工作平调，要么是职位晋升，而不是跳槽到其他企业。[17] 我的看法是，企业不需要担心员工因能力和态度的改进而造成"背叛"。恰恰相反，增强员工自尊感、身份感和掌控感是提高优秀员工忠诚度的绝佳方式。个别优秀员工的确可能会因为能力和态度的改进而离开企业，但绝不可能造成大规模的员工流失。此外，个别优秀员工离开的成本远低于更多选择留下的优秀员工所带来的利益。

瑞斯尼斯基和格兰特还思考了为什么只参加技能提升培训的员工没能体现出积极的效果。他们的答案与本章要旨完全一致：他们认为，技能提升如果不伴随着工作规划，员工就会更关注自己的弱点和改进方式，而这会让他们产生自我挫败感。因此，如果不提升自我认同，只强调技能提升，某种程度上会造成完全相反的效果。这就解释了为什么这种情况无论在短期还是长期都没能导致工作效率和士气的提升。[18]

后来，相关课题又出现了一些新的研究，表明在执行人力资源政策方面，企业只要能稍微增强员工的自尊感、身份感和掌控感，就会对员工工作效率和士气造成巨大的积极影响。最近在教育领域的一项研究也得出了类似的结论：稍微改变一下对待学生的方式，增强他们的自尊感、身份感和掌控感，学生的状态和行为都会大为不同。在一项研究中，沈贤智（Sohyeon Shim）、阿利亚·克鲁姆（Alia Crum）和亚当·加林斯基（Adam Galinsky）让一组大学生在两周时间内每隔一天花几分钟简单写下他们在生活中能够掌控的事情，这一组属于强控制组。另一组受试者写下他们不能掌控的事情，这一组属于弱控制组。强控制组的一个学生这样写道：

> 我改变了人们过去对我的成见。比如，我被选为学生会主席，而一个副主席曾经公开对我说，他不会服从我的领导，也不会接受选举结果，因为我是一名女性。然而在全年工作中，我跟他的合作

很紧密，给了他更大的责任，最终他开始信任我的判断和领导技能。在年末的时候，他给我写了一封电子邮件，对他年初说过的话道歉，他认为我是他参加过的学生社团中最优秀的领导者之一。我认为，只要能拿出诚恳的态度和良好的相处方式，他人对我的看法和做法就会发生改变。

相反，弱控制组的一个学生写道：

> 我想的事情与我男友有关。我们相处了 6 年，也认真对待这份感情，基本上到了谈婚论嫁的地步。然而，他的妈妈并不认可我，对我做了一些很过分的事情。比如把我的钱包藏起来，让我出不了门，或者朝我发火，害得我哭着跑出男友的家。当家里出现这些状况时，她把责任归咎到我身上。我只是觉得她完全不给我机会。我的意思是，我觉得自己是一个相当正常、乖巧的人。但有时候无论我多么想主动向她示好，她似乎都不会搭理我，我认为自己已无法改变她对我的看法和做法。

两周结束的那一天，所有受试者对自己的生活满意度进行评价，用研究术语来讲，就是一种"主观的幸福感"。回答选项包括"大多数时候我的生活接近于我的理想"和"我对我的生活感到满意"。结果显示，把注意力放在自我掌控感上的学生比放在失控感上的学生幸福指数更高。[19]

记住，研究人员对待强控制组和弱控制组学生的方式没有多大差异。学生虽然被分到了不同的组，但并不需要真正掌控某些事情。相反，他们只是在想象对生活的掌控力是很强还是很弱。而且，他们也没有被要求想象在更长的未来里，掌控感会更强还是更弱，相反，这个实验只有 6 个参与时点：在两周之内，每隔一天写下自己的想法。此外，实验过程中，研究人员对待受试者的方式会对他们的生活满意度产生重大影响，但由于对待两个组的方式并没有差异，整个研究过程本身对学生的心理状态即生活满意度，就没有造成什么额外影响。

有人可能会质疑说，通过这种控制方法，强控制组学生对生活满意度的积极结果是转瞬即逝的。毕竟，对生活满意度的评价只发生在两周结束后的那一天。参与这项实验能对受试者的幸福感带来长期影响吗？神奇的是，的确可以！7个月后，还是那些受试者完成了由美国疾病预防控制中心（U.S. Centers for Disease Control and Prevention）提供的幸福感标准测试。比如，受试者需要报告，在参与了这项研究后，每个月有多少天他们感觉到身体和精神状态不好。相比7个月前认为自己没有掌控感的学生，那些认为自己对生活拥有掌控感的学生报告不舒服的天数要更少。这一现象并不令人惊讶，因为研究结束之后，那些觉得有自我掌控感的学生对生活更加乐观。然而，令人惊讶的是，这种乐观在7个月后仍然持续影响着学生的身体和精神状态。

最近，在高中课堂上的一项研究提供了进一步的证据，表明对待学生方式的细微差异会影响到他们的自尊感、身份感和掌控感，而这反过来又会对他们的人生产生持续而重大的影响。这里可以提供一个背景故事。有大量文献表明，非裔美国人的学习成绩显著低于欧裔美国人。一种解释是克劳德·斯蒂尔所谓的"刻板印象威胁"（stereotype threat），意指一种悖论倾向，人们刻板印象中表现差的群体之所以一直表现得差，是因为他们一直处于自我焦虑和怀疑之中，这就持续影响了他们的表现，进一步坐实了人们的负面刻板印象。被留下负面刻板印象的人本身也能意识到别人对自己的看法。此外，他们总是痛恨自己不能拿出摆脱这种印象的良好表现，因此，当他们身处与刻板印象有关的场景时，就会感受到焦虑带来的心理负担，想要努力摆脱（或者不要让人产生）这种刻板印象。遗憾的是，这往往适得其反，他们越是想摆脱刻板印象，表现就越糟糕。

这种刻板印象的一个例子是非裔美国人在学业上的表现较差。很多人，包括非裔美国人，都知道这种刻板印象。事实上，有些人已经被它击垮了。我之前有个MBA学生，是一个非裔美国人，他告诉我，他总是对自己的学习能力没有信心。他说唯一不用关心学业表现的时候，就是他独自一人待在寝室上网、做一些追求个人爱好之类的事情时。不难想象，对学习能力的怀疑严重分散了他的学习注意力。斯蒂尔和他的同事们发现，名校的黑人本科生在执行需要运用智力的任务时，表现远差于同一所学校的白人学生。然而，当同样一个任务不被事先描述为与智力有关时，黑人学生的表现就会比之前好得多，与白人学生的表现相当。[20]

"刻板印象威胁"对智力功能的负面影响不仅仅局限于非裔美国人。任何在智力上被留下刻板印象的群体，在有挑战性的任务表现中都会为这种刻板印象感到焦虑，并因此难以集中注意力。比如，有些人相信，女性在数学和自然科学方面的天赋不如男性。当智商很高的本科生在参加数学考试之前被告知，性别差异对最终成绩会有影响时，女学生的表现就会比男学生差得多。但是，如果事先不提性别差异这回事，女学生的表现就会比之前好得多，与男学生的表现相当。[21]

让我们回到中学教室，斯坦福大学的杰夫·科恩（Geoff Cohen）和他的同事们评估了自我认同会在多大程度上改进那些受刻板印象威胁影响的学生的学业表现。就其本质而言，刻板印象威胁会破坏人们的自尊感、身份感和掌控感，难怪这些学生的学业表现会那么差。因此，做一些能增强自我认同的事对这些学生特别有帮助。科恩和他同事的研究从细处着手。他们发现，如果受到这种威胁影响的学生在某一课程，比如社会研究课上，做了一些增强自我认同感的事情，他们这一科目的成绩就会提高。非裔美国学生从学年一开始就在社会研究课上参加了一项自我认同练习。该实践的操作方式借鉴了克劳德·斯蒂尔的早期实验。学生把符合他们年龄段的不同价值点（比如，与朋友或家人的关系、擅长某些学科等）按重要性排序。他们被分成两个组，自我认同组的学生要选择一个最看重的价值点，并写下为什么这一价值点很重要；另一组（控制组）的学生也要选择一个最看重的价值点，然后写下为什么这一价值点对于他人（而不是他们自己）很重要。

3个月后，自我认同组的学生在社会研究课上的成绩比另一组学生更好。考虑到自我认同练习只持续了15分钟，3个月后自我认同组就获得了更高分数，这一事实令人感到惊讶。然而，事情还没完。3个月后，相比于另一组学生，做了自我认同练习的学生不仅在社会研究课上表现得更好，在其他课上也表现得更好。在得到这些结论之后，科恩和他的同事们评估了这些积极影响能否持续更长时间。事实上的确如此：非裔美国学生在完成这一15分钟的自我认同基础练习2年之后（接下来的一年，他们又做了一些巩固练习，重复之前所做的练习），在所有重要科目上的成绩都比控制组的学生更好。[22]

为什么会出现这种情况？仅仅参加了简短的自我认同练习就能产生如此长久的积极效果？回想一下，前面的研究表明，既参加工作规划研讨又参加技能提升研讨，对员工的工作效率和士气有积极的长期影响。这可能是因为两种练习是相互强化的，能让员工进入良性循环：工作规划能够促使员工提升重新界定后的工作所需的技能，而技能提升能够让员工在进一步界定工作方面产生新的想法。

类似地，也许参加短期的自我认同练习也会产生长期的相互强化过程。然而，与参加两种练习所产生的良性循环不同，参加自我认同练习仅能帮助学生不陷入刻板印象威胁的恶性循环。也就是说，刻板印象威胁会影响具有智力挑战的工作表现，而糟糕的表现又会进一步增强刻板印象的威胁，这种恶性循环就会持续下去。在学年初期，受刻板印象威胁影响的学生很可能在一些考试和任务中表现得很差。这些负面反馈会强化他们对自己能力的怀疑，进而导致持续的糟糕表现，形成恶性循环。这就是为什么参加自我认同练习会对他们产生如此大的帮助。正如前面章节所提到的，增强自我认同感并不需要刻意去做一些危及自尊感、身份感和掌控感的事情。只要能从总体上有效增强自我完整感，就能削弱自我挫败感。让受刻板印象威胁影响的学生进行反思并写下他们看重的价值点，并不能改变他们表现不佳的事实，但自我认同练习能够降低糟糕表现对自我评价的负面影响，从而逐渐打破恶性循环。

　　随着进一步证据显示受刻板印象威胁影响的学生更容易陷入恶性循环，科恩和他的同事们发现，那些没有参与自我认同练习的学生，在两年的学习过程中成绩持续下滑。而参与了自我认同练习的学生，虽然成绩也会下滑，但程度要轻得多，并没有陷入恶性循环。

　　还有证据显示，参与短期自我认同练习有助于提升人们的长期社交表现。那些对朋友、家人、夫妻关系缺乏安全感的人更容易把社交氛围搞得很尴尬，从而招致他人的批评和拒绝，反过来又会强化他们的不安全感，这就是社交形式的恶性循环。如果自我认同能帮助打破刻板印象威胁的恶性循环，从而提升非裔美国学生的成绩，那么它也能帮助改善社交能力较差者的社交表现。

达努·安东尼·斯廷森（Danu Anthony Stinson）和她的同事们找到了一群本科生，这些学生表示不满意自己的社交关系，比如，他们赞同"我经常担心家人不再爱我了"之类的看法，不赞同"我的朋友认为我在他们的生活中非常重要"这样的陈述。他们中有一半做了简短的自我认同练习，也就是明确自己珍视的价值点，写下为什么这些价值点很重要；而另一半学生没参与这项练习。2个月后，所有受试者都完成了一项测试，以评估他们对自己社交能力的评价。相比于没做过练习的学生，那些2个月前做了自我认同练习的学生对自己社交能力的评价明显更高。此外，参与了自我认同练习的学生在受访过程中明显比没参与练习的学生情绪更平和。[23]

干预的时机

当人们有自我挫败感时，他们最容易从自我认同的过程中受益。比如，让新员工确认和表达自己的独特优势可以帮助他们尽快融入新环境，而这一现象并非一种巧合。毕竟来到一个新单位，一个人本能地就会觉得自己的自尊感、身份感和掌控感受到了威胁。因此，做一些自我认同的事情是能满足新员工心理需求的。当人们感到自我挫败时，建立自我认同尤其有效。从自我认同练习中受益最大的非裔美国学生是那些之前学习成绩最差、自我挫败感最强的学生。此外，自我认同练习对欧裔美国学生的学习成绩则没有任何影响，因为他们不受刻板印象威胁影响，也因此没有自我挫败感。

中学开学初期并不是唯一一个容易让学生感到自我挫败的教育场景。每当学生到一个新环境时，比如，从初中来到高中，从高中来到大学，他们就容易丧失归属感，或者担心自己能否取得成功，从而更容易产生自我挫败感。想象一下，刚进入新环境时，学生们一方面没有归属感，或者不确定自己是否具有成功的能力，另一方面又获得了一些负面反馈，哪怕并不是很重要的信息。比如，在开学第一周，一个少数族裔学生没有得到多数族裔学生的邀请，一起参加中午的聚餐活动。乍一看，这事并不像世界末日那样糟糕。也许这是因为多数族裔学生也缺乏归属感，也想寻求自己的同伴。随着多数族裔学生聚餐人数的增多，他们会开始有意识地主动接纳少数族裔学生。然而，这在少数族裔学生看来可能为时已晚，他们可能过于敏感，认为自己在多数族裔学生那里已经没有了归属感。而且，一旦人们臆想他们不再属于某个群体，就会开始认为，或者在行动上体现出，他们永远不会被那个群体接纳了。

采取干预措施，确认基于社会自尊的归属感，对于那些对排斥感尤为敏感的人是很有帮助的。为了检验这一观点，格雷格·沃尔顿（Greg Walton）和杰夫·科恩研究了大学一年级新生在开学初期的成绩。有一半受试者被告知，开学初期他们对自己的归属感在某种程度上有所恐惧或焦虑是很正常的，那会随着时间的推移而消失。为了巩固这一干预行为，他们被要求为第二年新入学的同学写一篇短文，来描述自己是如何逐渐体验到归属感的。另一半受试者属于控制组，研究人员没对他们进行任何干预以缓解其归属感焦虑。尽管白人学生没有从干预中获益，但黑人学生在未来 3 个学年都受到其积极影响。实际上，归属感干预让白人和黑人之间的学业差距减少了一半。归属感干预需要花费学生 1 小时的时间。沃尔顿和科恩在对高中生的研究中也得出了类似的结论。相比于控制组的学生，那些经历过更短暂归属感干预（只花了 25 分钟）的学生在整个读书期间患抑郁症的可能性要小得多。[24]

还有一种干预方法，也有可能影响学生的自尊感、掌控感，从而提高学习成绩，这种方法是让学生对智商有一个新的认识。在具有开创性的《终身成长：重新定义成功的思维模式》（*Mindset*）一书中，卡罗尔·德韦克（Carol Dweck）提出，人们对于智商有两种不同的信念体系或认知理论。僵固论者（entity theorists）认为，智商是固定的特质，你要么智商高，要么智商低，它的数值是不会轻易改变的。

相反，成长论者（incremental theorists）相信，智商是具有可塑性的。当然，有些人的智商会比另一些人更高，但成长论者相信，几乎所有人都能提高自己的智商，尤其是他们愿意为此努力的话。僵固论者和成长论者之间的一个重要分歧在于，如何看待负面反馈。僵固论者更容易在困难面前放弃，毕竟他们认为自己的智商不足以做成这件事。成长论者则更容易付出加倍的努力。显然，后者会比前者更容易、更迅速地克服学习过程中难免会遇到的挫折。

研究显示，用成长思维进行干预，会对学生的学业表现和在学校的成长产生长期的积极影响，这一点对那些容易怀疑自己能力的学生尤为有效。干预的时间不用太长，1 小时足矣。在这段时间，学生不仅要领会采用成长思维的好处，还要给第二年入学的新生写一封信，讲述自己从成长思维中学到了什么。[25]

简而言之，在工作场合和教育场合所做的一系列研究表明，行为过程会影响人们的自尊感、身份感和掌控感，进而影响到他们的表现、幸福感和人际关系。这并不是一个新的理念，但它让我们明白，践行这样的理念是完全可以做到的。我们再次看到，干预所需的时间和财务成本是很少的，却能在重大问题上产生长期的积极影响。

企业变革和自我挫败感

人们有了自我挫败感时，就能从重获自尊感、身份感和掌控感中得到最大的好处。感受到变化通常是自我挫败感的重要来源，比如，当学生进入高中或大学，或者当人们刚进入新单位。当然，在企业中，对变化的感受并不只是刚入职的员工才有。正如我们在第 2 章所探讨的，很多时候是企业而不是员工主动推动变革，比如，企业想要改变战略、文化、流程、技术等等。接下来，中层管理者对企业缩减业务、重组部门等各种变革的反应，就像一系列虚拟场景，反映了企业变革是如何威胁到员工自我身份感的："我很清楚企业过去的使命、运作方式、员工和文化，因此，我对企业和自己都有明确的身份感和信心。现在，企业已经发生变化了，经营规模只有以前的四分之一了，我必须问自己，我们是谁，我又是谁？"

听起来有些伤感吧？快乐的、满意的和有效率的员工几乎不可能说出这种话。实际上，研究表明，员工抵制企业变革的一个根本原因就是自我受到了威胁。正如著名的变革管理专家威廉·布里奇斯（William Bridges）所说："从根本上讲，正是个人身份感受到了威胁，才让他抗拒企业变革，也正是个人身份感受到威胁，才阻碍了变革产生想要的结果。"[26]但仍有解决办法。如果身份感受到变革威胁的员工能做一些自我认同的事情，他们出现抵制变革态度的可能性就会小得多。此外，自我认同并不只是在自我受到威胁的情况下产生，实际上，做任何能增强自我认同感的有意义的事情都能起到同样的效果。

有很多种不同类型的自我认同体验能够抵消自我挫败感，因此，也能减少员工对企业变革的抵制。有两个维度可以帮助人们形成丰富的自我认同体验：一个维度是感受体验的行为主体，另一个维度是体验发生的地方。有些自我认同体验可能来自员工本人，而另一些体验可能是由雇主发起的。这些体验中有的发生在工作场合，有的则发生在工作场合之外，比如员工的休息时间。然而，所有这些体验都能成为变革所带来的自我挫败感的解药。为了举例说明，我们在图 3-1 中构建了一个 2×2 的象限，每个象限中的内容反映了一种体验来源。

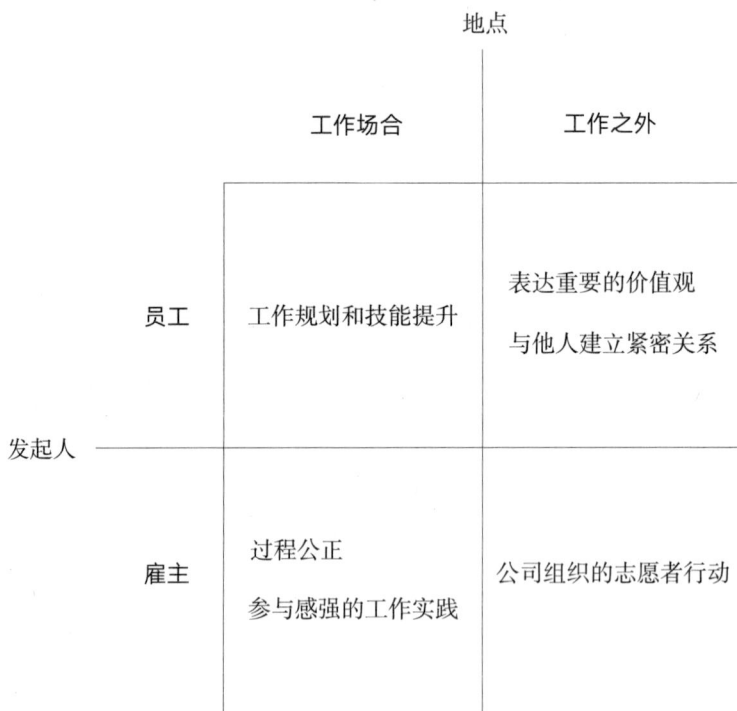

地点

	工作场合	工作之外
员工	工作规划和技能提升	表达重要的价值观 与他人建立紧密关系
雇主	过程公正 参与感强的工作实践	公司组织的志愿者行动

发起人

图 3-1 提升自我认同感

左上角的象限代表工作场合中的员工。员工如何在工作场合提升自我认同感，前文对工作规划和技能提升的探讨就是一个很好的例子。实际上，任何工种的员工都可以改变工作内容或工作方式。瑞斯尼斯基、格兰特和他们的同事进行的研究表明，当员工主动对工作进行调整，明确所需技能并提升它时，这种做法对工作效率和士气的提升是最有帮助的。这就意味着，员工应该主动参与工作规划和技能的双重提升。[27]

相比于工作开展得有条不紊的更稳定的工作环境，变革会给员工带来更大的双重提升空间。换句话说，面对变革，员工不仅应该做到，还要能够做到双重提升。比如，我曾经的一个学生萨拉，现在是一家银行的中层管理者。很长时间以来，她都想要在部门管理上有更大的发言权。然而，在银行裁员之前，她无法说服她的上司给自己更大的决策权。裁员改变了这一切。由于精兵简政，她和她的所有同事现在都有更大的空间重新规划自己的工作了。

此外，意识到实现事业目标需要改进自己的领导能力后，萨拉一直想在工作之余参加一个领导力培训项目。在裁员之前，她的上司不支持她参加这种项目，每年都不忘告诉她，参加培训的时机"不对"。然而，在裁员之后，她的上司意识到，由于员工减少了，领导能力的缺失会威胁到团队的长期表现。因此，当萨拉一开年就提出想参加培训项目时，她很意外地发现，上司同意了。总而言之，双重提升增强了自我认同，反过来又对员工的工作效率和士气带来了积极的长期影响。我在这里要提出的建议是，变革甫一开始就是员工参与双重提升的有利时机，因为相比处于稳定的环境，这个时候的员工更善于接受新事物。

右上角的象限代表工作之外的员工。还记得本章开头提到的史蒂夫的例子吗？这个小企业主在工作之余做义工，并将其作为一种应对方式，缓解经营压力所带来的自我挫败感。做义工对于自我挫败感是一剂很有效的解药，因为它能帮助人们认可自己。首先，做义工所带来的成就感会增强一个人的自尊感和掌控感。其次，对有些人而言，做义工表明他们是关心和在意他人的人。当然，做义工不是唯一一种能在工作之余增强自我认同感的行为。参加能充分反映个人价值观的活动，无论这些活动和个人价值观是什么，都能增强一个人的身份感。

在一项经典的自我认同研究中，受试者被要求对不同领域价值点的重要性进行排序：学术价值、经济价值、美学价值、社会价值、政治价值和宗教价值（对这些价值点的更多探讨，请参见工具F）。然后，那些被分到实验组的受试者被要求写一篇与他们最看重的价值点有关的短文，阐述为什么这些价值点对他们如此重要，并举出一些能够体现这些价值点的实际案例。被分到控制组的受试者则被要求写下他们最不看重的价值点，或者写一些与价值点无关的内容。很多这类研究都显示，实验组的受试者比控制组的受试者能更有效地处理各种造成自我挫败感的情形。

在应对企业变革带来的自我挫败感时，员工可能会主动使用实验组中用到的方法。首先，需要明确他们看重的价值点，一旦明确之后，他们需要找到满足这些价值点的方式。满足社会价值的一种方式是对他人行善，比如参加义工活动。满足美学价值的一种方式是花时间培养自己的审美能力，另一种方式是创造条件帮助他人培养审美能力，而这也是满足政治价值的一种方式。满足学术价值的一种方式是参加某种有意义的学习活动，比如选修一门课程。

需要注意的是，所有这些自我认同的案例都基于人们认为自己是独立的个体，基于自己的内在特点来定义自己，这些特点不仅包括价值观，还包括品格、能力和爱好。然而，大多数人在一定程度上（有些人在很大程度上）是基于与亲近之人的关系来定义自己的，比如与家人或密友的关系。这被称为关系依赖型的自我构建（relational-interdependent self-construal，RISC）。RISC 很高的人强烈认同"亲密关系是定义自我身份的重要因素""当与我关系很亲密的人获得重大成就时，我通常会有强烈的自豪感"之类的观点。塞雷娜·陈（Serena Chen）和海伦·鲍彻（Helen Boucher）发现，在感受到自我挫败之后，诸如发现自己在智商测试中表现糟糕时，那些 RISC 更高的受试者更倾向于用关系性词语来描述自己（"我是他的好朋友"或者"我是爸妈的第二个儿子"），并将这种描述作为自我认同的一种方式。实际上，用关系性词语描述自己会带来更强的自尊感。这些研究成果意味着，员工能够通过肯定"关系型自我"，比如维护一些重要的人际关系，来缓解企业变革所带来的自我挫败感。[28] 在探讨幸福的书中，索尼娅·柳博米尔斯基（Sonya Lyubomirsky）[1] 写到，提升婚姻满意度的一种方式就是每天花几分钟做一些让对方高兴的事情。[29] 考虑到大多数已婚人士（即便是那些 RISC 很低的人）都会基于与配偶的关系来定义自己，我们有理由相信，这种简单的技巧能够对经营好婚姻关系带来很大的好处。当员工感觉企业变革对自己造成了威胁时，肯定"关系型自我"的做法也能缓解这种威胁感，让他们更好地应对这个问题。

左下角的象限代表工作场合中的雇主。当企业变革以裁员的方式发生时，通常会对幸存员工的工作效率和士气造成负面影响。然而，情况并不一定如此，这要取决于裁员的处理方式。在第 2 章中，我们讨论了处理好变革过程的不同要素，无论变革的性质是怎样的。在这里，基于第 2 章的内容，我认为，一个管理良好的变革过程需要让"幸存者"感受到自尊感、身份感和掌控感。比如，在正式裁员之前，管理者应该让员工相信裁员方案制定和实际执行过程是公正的。在第 1 章中，我们探讨了确保过程

---

① 索尼娅·柳博米尔斯基是美国加利福尼亚大学心理学教授、积极心理学领域专家。其作品《幸福的神话：关于幸福的 10 个误解》（浙江人民出版社）已由湛庐文化策划出版。——编者注

公正的诸多方式，比如，是否做到事先通知，决策是否基于准确的信息，决策依据是否得到清晰的阐释。过程公正在形式上的体现也不应该被忽视。当企业以过程公正的方式计划和执行决策时，就是在向员工表明，他们重视和尊重员工。反过来，这种受重视感和受尊重感又会对员工的自尊感产生积极影响。

然而，并非只有确保变革过程绝对公正才能让员工感受到自我认同。一旦变革发生，员工就会一直想要拥有掌控感。掌控感可以缓解甚至消除任何变革所产生的负面影响。在我和同事进行的一项研究中，我们考察了南加州航天机构总部同一个部门的两组员工对企业的信心。其中一组员工见证了裁员过程：1个月前，10%的合同工被裁掉。另一组员工则没有见证这一过程。两组受试者都描述了自认为自己的掌控感有多强，比如"我在工作开展方面有很大的自主权""我对部门工作的进展具有很大的影响"。那些报告自我掌控感相对较差，并且见证了裁员过程的受试者相比于没有见证裁员过程的受试者，对企业的信心要低得多。然而，裁员对企业信心的负面影响在那些自我掌控感很强的员工中完全消失了。换句话说，自我掌控感强的员工能够抵御裁员对企业信心带来的负面影响，就他们对企业的信心而言，就好像裁员不曾发生过一样。[30]

如果掌控感（自我认同的基础）能够减少裁员对"幸存者"工作效率和士气的负面影响，那么裁员的企业如何让"幸存者"产生掌控感就是一件很重要的工作。实际上，"高度介入工作法"能做到这一点。通过赋予员工决策权并给予他们所需的资源，高度介入工作法就能让员工具有自我掌控感。高度介入工作法包括成立具有半自主权的工作组，小组成员而不是管理者在决定工作如何开展和收益分配方面扮演重要角色，而这种奖励分配需要体现员工的工作绩效。如果掌控感意指员工相信他们的行为能够带来积极变化，那么收益分配就能增强员工掌控感，这种掌控感通过两个方面体现出来：一方面是良好的工作表现让他们赚了更多的钱，另一方面是员工感受到良好的工作表现为企业带来了成功。

在一项相当有雄心的研究中，克里斯托弗·扎特齐克（Christopher Zatzick）和罗德里克·艾弗森（Roderick Iverson）为弄清楚裁员如何影响企业效率，调查了超过 3 000 家加拿大企业的高管。他们让这些高管报告所在企业的裁员率，以及企业用到的 6 种具体的高度介入工作法（比如半自主权的团队和收益分配决定权）。这些高管还提供了收入、开支和员工数量等信息，从而让研究人员用一种客观的标准计算企业经营效率：收入减去开支，再除以员工数量。结果令人震惊。相比于裁员率低的企业，对裁员率高的企业而言，采用高度介入工作法的程度决定了经营效率的下滑程度。不过，更为乐观的是，裁员率高的企业如果能持续采用高度介入工作法，裁员几乎不会对经营效率有任何影响。相比于裁员率低的企业，它们的表现甚至更好。因此，就企业经营效率而言，只要持续采用高度工作介入法，裁员率高的企业就几乎不会受到影响。[31]

右下角的象限代表工作之外的雇主。做义工时，人们会有自我认同感，这反过来会帮助他们应对工作中的自我挫败感。这是一项有力的证据，能够推动企业组织员工在工作之外去做义工。企业组织的义工活动能帮助员工提升自我认同感，这至少有两方面原因。首先，就像员工自发参与义工行为一样，企业组织的义工活动也能为员工带来自尊感、身份感和掌控感。其次，企业组织的义工活动能让员工在团队活动中感受到自我认同。人们喜欢和一群人一起去做一件有意义的事情，一部分是由于这种归属感让他们更开心。事实上，建立人际关系能够增强自我认同感，这一结论表明，做义工并不是唯一能增强自尊感、身份感和掌控感的方式，人们只需感受到身为群体的一员，和大家一起做有意义的事情，就能起到相同的作用。正如"关系型自我"意指一个人基于与他人的亲密关系来定义自己，一个人的身份感同样可以基于"共同的自我"，也就是他们所属的集体。实际上，人们有理由认为，"如果团队做了了不起的事情，我是其中一员，我自己也很了不起"。

我和迪安娜·西尼尔（Deanna Senior）、威尔·韦尔奇（Will Welch）发现，企业组织的义工活动能通过两种途径增强员工的自我认同感。我们询问一家大型药企的员工，在过去一年中他们参加了多少次企业组织的义工活动，比如联合募捐活动（United Way Campaign）或美国心脏协会心脏健康行活动（the American Heart Association Heart Walk）。我们还让员工评价他们在工作场合体验到的自尊感、身份感和掌控感。我们评估了员工对企业的忠诚度，并作为他们工作效率和士气的近似指标。我们还评估了他们如何看待雇主对于企业义工行为的支持力度。员工参与义工活动的积极性越高，他们体验到自我认同感的可能性就越高，对企业的忠诚度也就越高。此外，如果员工看到雇主对于义工活动很支持，他们的自我认同感就会增强，而这又会增强他们对企业的忠诚度。[32]

有些企业可能不愿意让员工参与义工活动，认为这与企业经营无关：如果员工想做义工，可以用业余时间去做。企业可能还会在意组织义工活动的成本，或者担心让员工参与其他活动可能会降低对企业或工作的投入度。不要为最后一点担心，研究显示，公司组织的义工活动只会增强而非削弱员工对企业的忠诚度，部分原因在于，如果企业为员工做善事提供方便的条件，他们的自我认同感会更强。

人们的工作很重要，但它只是生活的一部分。人们希望获得工作投入度和满意度，但也许更希望获得生活投入度和满意度。有些企业花精力去帮助员工思考他们的职业成长和发展路径。具有前瞻性思维的企业还会先人一步：采取行动帮助员工明确自己的发展路径。这对员工和企业来说是双赢的做法。员工从更明确的人生方向感中获益，而企业从员工更高效、更投入的工作状态中获益。这正是某家公用事业公司在大规模变革管理过程中采用的一种方法，以扭转公司糟糕的经营业绩。下面这段话出自公司首席执行官在管理学年会（the annual conference of the Academy of Management）上发表的讲话：

> 多年来，公司不希望员工把个人生活及其梦想与工作混为一谈，员工既有工作的自我，又有生活的自我。但这种做法是不现实的！我们希望帮助员工实现平衡，希望他们成为更完整、更健全的人。这种做法会让他们发挥自己全部的潜能。首先，我们试图帮助员工实现比他们自认为更大的目标。其次，我们试图指导员工挖掘自身潜能，帮助公司在竞争中实现快速成长。比如，我们鼓励员工为自己的人生而不仅仅是工作设定战略规划。当商业竞争趋于白热化时，我们希望员工能保持专注，希望他们的思维力、学习力和执行力都处于巅峰状态，而不去担心生活中的问题。我相信，所有这些做法能够让员工脱颖而出。[33]

这家公司提前两年实现了扭转困境的目标。企业变革行为是多种多样的，而这类做法也有很多种方式，因此很难确定哪种方式最有可能取得成功。然而，基于本章所探讨的内容，我相信，员工接受某项变革行为的主要原因就是该行为能增强他的自我认同感。

自我认同理论的实践细节

自我认同理论引发了一系列相关研究，并产生了很多成果。这些成果非常鼓舞人心，以至于显得有些不真实。自我认同能在很多重要方面产生积极影响，比如员工的工作效率和士气，以及学生的学业成绩，并且这种积极影响是持续存在的。刚进入新单位就获得自我认同感的员工会在接下来的 6 个月内表现更好，而学业表现较差、但写下了个人所看重价值点的学生在接下来的学年中表现会更好。俗话说，付出与回报成正比。也就是说，采取行动来产生这种积极影响，其成本应该是很高的。但实际上，这一原则并不适用于自我认同的情况。我们只需花很少的时间和金钱，比如，在员工培训会上花 1 小时，在双重提升工作上花 2 小时，或者在中学一个学年的课堂上分别用两段 15 分钟的时间进行自我认同练习，就会带来持续的积极效果。事实上，哪怕小小的自我认同都会产生深远影响，这一事实表明，人们在自尊感、身份感和掌控感方面受到威胁时，尤其应该做自我认同练习。

然而，将自我认同理论投入实际操作，说来容易做来难，其中的原因正好与本书探讨的主题相关。仅仅做一些自我认同的事情是不够的，做这些事情的方式才决定了能否增强自我认同，并在多大程度上从中受益。很大程度上，图 3-1 所描述的行为和事件，比如工作规划和义工活动，都与行为内容有关，它们反映了员工和企业为增强自我认同可以做些什么。然而，与行为内容同样重要的是，这些行为开展的过程或方式。无论自我认同行为是由员工还是企业发起的，无论发生在工作场合还是日常生活中，我们都应该以这样一种方式去开展它：通过践行自我认同行为，让人们感受到内在动机而不是外在动机。

有两种方式来区分人们对内在动机和外在动机的感受。一种涉及行为的发起，另一种涉及行为的后果。首先，当人们认为自己有责任发起行为时，他们体验到的就是内在动机，而当人们认为行为只是为了响应外在要求时，他们体验到的就是外在动机。其次，当做某件事本身就能使人获得奖赏时，他们体验到的就是内在动机，也就是说，追求的是行为本身的价值。当做某件事不是出于其本身的价值，而是作为实现其他目的的手段，他们体验到的就是外在动机。研究显示，图 3-1 中列举的行为如果能让员工体验到内在动机而不是外在动机，就更能增强员工的自我认同感，从而让他们受益。当然，关于员工和企业实践这些行为的最佳方式是什么，还存在着很多争议。

真诚而为

企业能基于其行为以及行为方式来增强员工的自我认同感，比如，支持员工做义工，在做决策时确保高品质过程。当员工感受到管理者的支持和做法是发自内心的，而不是来自外在因素，也就是说当企业行为很真诚的时候，增强员工自我认同感的效果就会更好。正如前面所探讨的，当员工相信企业是出于真实的兴趣支持他们做义工，他们的自我认同感就会更强，对企业的忠诚度就会更高。在一项相关研究中，我和凯特·罗洛夫（Kate Roloff）、巴蒂亚·维森菲尔德发现，当管理者是发自内心，而不是靠外在压力做到公正的时候，员工更能感受到过程公正所带来的好处。[34]

我们还研究了在企业裁员之后高度介入工作法如何成为自我认同的来源，如何提升员工的工作效率和士气。与前面的结论一样，如果行为是发自内心的，就更能增强自我认同感。如果企业一贯有让员工参与决策的做法，并能在裁员之后持续使用高度介入工作法，员工就仍会对企业保持很高的忠诚度。相反，如果企业之前从未让员工参与过决策，只是在裁员过程中才开始这么做，员工的忠诚度就要低得多。[35]这并不是说，之前从未使用过高度介入工作法的企业在裁员之后也没必要这么做了，而是说，这么做需要一段时间才能激发员工的内在动机，增强他们的自我认同感，毕竟要改变原有的印象并不容易。

行为本身就是目的，而不是实现目的的手段

最近的一些研究表明，当行为本身就足以提供激励，而不是通向另一种行为的手段时，人们会体验到更强的自我认同感。在一项名为"不是所有的自我认同方式都一样"的研究中，杰夫·施梅尔（Jeff Schimel）和他的同事们比较了两种不同的自我认同方式：内在的和外在的。正如我们在本章开篇提到的彼得的例子，一旦作为管理者的他从导师的工作中体验到自我认同感，他就能对反对意见抱有更开放的态度。自我认同感能降低人们对有违自己信念或态度的信息的心理抗拒。我们在很多研究中都看到，自我认同感对于获得良好表现，尤其是在人们感到自我挫败时，具有积极的效果。施梅尔考察了两种不同类型的自我认同对人们心智开放和工作表现的影响程度。首先，本科生被要求就何种身份能更好地定义自己按照重要性进行排序，比如，艺术家、运动员、学生、医生、有趣的人和创业者。然后，他们被要求用最看重的自我定义来填写 6 个句子中每一句的第一个空格部分，接着填写该句子剩下的空格部分。其中一半受试者要填写的句子可以引发内在的自我认同。比如，"成为一个 _____ 能让我感到 _____"可被填写为"成为一个创业者能让我感到更有创造力、资源更丰富"，"成为一个 _____ 反映了我真实的 _____"可被填写为"成为一个医生反映了我真实的个人价值观"。

而另一半受试者要填写的句子会引发外在的自我认同感，比如，"当我是一个成功的 ＿＿＿ 时，我会获得 ＿＿＿"可被填写为"当我是一个成功的企业家时，我会获得大量的财富"，"如果我能成为一个优秀的 ＿＿＿＿，那么别人就会 ＿＿＿＿"可被填写为"如果我能成为一个优秀的医生，那么别人就会很敬佩我"。

在第一类句子中，人们关注的是，自我定义本身就是一种重要的奖励。而在第二类句子中，人们会认为，自我定义不过是实现财富或地位的手段。接着，所有受试者又执行了另一项任务。在此之前，他们评估了在有外部约束（比如时间限制、任务难度）的情况下，自己的表现会如何。对那些担心自己表现的受试者而言，他们在做事前评估的时候会谨慎地或防御性地认为，自己的表现与外部约束有关。结果显示，受试者被对待方式的细微差别（他们填写的是引发内在自我认同还是外在自我认同的句子）会对他们的防御性和任务表现产生重大影响。那些填写了能引发内在自我认同句子的受试者把接下来的任务表现归咎于外部因素的可能性更小。此外，相比那些填写了能引发外在自我认同句子的受试者，他们在任务上的表现要好得多。[36]

当增强自我认同感的行为被当成一种手段而非目的的时候，这种行为的效果就被削弱了。还记得斯图尔特·斯莫利（Stuart Smalley）吗？他是由艾尔·弗兰肯（Al Franken）在《周六夜现场》节目中扮演的人物，他有一个习惯，就是要"天天打鸡血"。他会看着镜子，大声咕哝："我很棒，我很聪明，人们都很喜欢我！"这段画面搞笑的地方在于，斯图尔特·斯莫利明显是在做"自我认同"，以便让自己感觉更好，但我们很难想象这种做法是有效的，因为它并非自然、真诚和发自内心的。事实上，研究表明，当人们把某种行为看成增强自我认同的手段而非目的时，他们体验到的自我认同感会更少。在一项研究中，大卫·谢尔曼（David Sherman）、杰夫·科恩和他们的同事考察了人们对与自己看法相左的观点的开放程度。具体的实验内容是，让旧金山巨人棒球队（San Francisco Giants）的铁杆球迷阅读一篇评论文章。文章批评了球队的明星球员巴里·邦茨（Barry Bonds），认为邦茨涉嫌使用了提升竞技能力的药物，因此他作为棒球运动员的成就不应该得到肯定。在阅读这篇文章之前，受试者被随机分为三组。一组参加了自我认同练习，对一些个人看重的价值点进行排序，然后写下为什么最看重某项价值点，以及哪种情况可以表明该价值点对于受试者很重要。第二组写下为什么最不看重的价值点对于他们也很重要，并给出相应的例子。

第三组所做的与第一组一样。然而，为了考察作为手段而不是目的的自我认同行为，这一组的受试者事先被告知，"写下这些内容是为了使你对自己感觉更好，增强自尊感"。结果表明，那些做了自我认同练习的受试者比没做练习的受试者防御心态更弱，心智更开放。第三组的结果又如何呢？他们比没做练习的受试者更开放，但开放程度不如第一组受试者，后者做的是标准的自我认同练习。[37]有些讽刺的是，刻意做一些事情来增强自我认同感，其效果会被削弱。

该做的和不该做的

过程很重要，这一观念的一个推论是，"魔鬼就在细节之中"。将有效的自我认同理论转化为实际行动涉及行为方式，尤其是增强自我认同感的行为方式，其最终目的是激发内在动机，而不是外在动机。无论这种行为是由员工还是企业发起，发生在工作场合还是日常生活中，道理都是一样的。如果员工想要通过自我认同行为激发内在动机，最该做的就是肯定自己看重的价值点。我们需要不断问自己："是什么定义了我？对我的身份感和价值观而言，哪些东西是真正重要的？"必须承认，回答这些问题可能需要一生的时间。思考这些问题的一种方式就是：在我的葬礼上，我希望人们怎样回答上述问题？我们越是知道自己看重什么，就越能从内在动机出发去做自我认同的行为。我们越是清楚自己的身份以及激励着我们的使命，就越有可能走上自己真正想走的人生道路。因此，我们越有可能体验到内在动机的两个方面：

◎ 将我们自己而不是外在因素视为行为的动力；

◎ 将我们的行为本身当作奖励，而不是将其视为获取外部奖励的手段。

因此，最不该做的就是从众。不要因为别人这么做或者这么做能带来外部奖励，就去做那些看上去能增强自我认同感的事情，比如参加企业组织的义工活动。我之前介绍了一项研究，表明员工参加公司组织的义工活动能够增强自我认同感，同时也能提高他们对公司的忠诚度。然而，这并不意味着员工参加企业义工活动越多，他们的自我认同感就越强。关键是他们最初做义工的动机是什么。吉尔·克拉里（Gil Clary）、马克·斯奈德（Mark Snyder）和他们的同事发现，员工做义工有多种原因。有时候，做义工是出于它本身的价值。为了这种"价值导向"理由而做义工的员工强烈认同如下观点："我认为，帮助那些急需帮助的人是一件很重要的事"，以及"我可以做一项对我而言很重要的工作"。而有些员工则把做义工当成实现目的的手段，比如，他们强烈认同如下观点："做义工能帮助我在职场得到晋升"，以及"做义工能帮助我在喜欢的企业站稳脚跟"。[38]

我与迪安娜·西尼尔和威尔·韦尔奇的研究发现，当员工出于内在动机或价值导向参加义工活动时，他们能体验到更强的自我认同感。我们还发现，出于外在动机，比如为了得到职场晋升去参加义工活动，不会带来自我认同感。当然，员工想在职场得到晋升并没有错，做义工的确也是帮助他们实现这一目标的一种理性做法。然而，当员工出于职场考虑而去做义工时，他们就会更少体验到自我认同感。总之，当我们想要做某件能增强自我认同的事情时，如何去做，做的动机是什么，最终都会影响到我们实际体验到的自我认同感。[39]

当活动、行为或体验是由企业而非员工发起时，情况也是一样的。当企业为员工提供增强自我认同的机会时，企业最该做的事情就是表明，他们发自内心想通过某种行为让员工获得自我认同感。比如，企业可以真诚地向员工表明，有很多个活动选项，但企业选择了最能体现社会责任感的项目。很多企业会选择在当地社区开展义工活动，而社会责任感更强的企业会选择参与改善自然环境和客户关系的活动。企业能够而且应该做的事情就是，帮助员工在这些充满社会责任感的活动中享受过程。正如我和同事们发现的那样，当员工看到企业对义工活动非常投入时，他们的自我认同感也会增强。我的进一步推论是，每当员工看到企业热心于体现社会责任感的公益活动时，他们都会产生自我认同。在员工看来，无论企业组织了哪种有意义的活动，能成为正能量企业的一员都会让他们自我感觉良好。

对企业而言，最不该做的事情就是，过分强调让员工参与增强自我认同感的活动产生的积极心理效应。研究已经表明，当员工具有自我认同感时，他们的压力会更小，包括生理上的压力。大卫·谢尔曼和他的同事发现，那些写下个人很看重的价值点的本科生，相比于没这么做的学生，参加考试前常有的那种"非常紧张"的感觉得到了缓解。研究人员通过检测他们的生理体征指标证实了这一点。[40]虽然自我认同感缓解了压力，但我不会将自我认同行为宣传为"压力释放器"或"自尊感提升器"。如果预料到自我认同行为能带来积极的效果，那么它的有效性反而会降低，正如对旧金山巨人棒球队球迷所做的研究显示的那样，当被事先告知参与的自我认同练习意在提升他们的自尊感时，他们从这种练习中得到的好处就会减少。同理，当员工看出企业发起自我认同行为是想借此让员工获得心理益处时，员工享受这一行为过程的可能性就大大降低了。

1. 自我完整性的三个方面：

   自尊感

   身份感

   掌控感

2. 企业为什么要让员工具有自我认同感：

   自我认同感有助于工作效率和士气的提升

   性价比极高，无须太多时间、金钱、精力便能产生持续的效果

3. 如何使员工具有自我认同感：

   由员工或企业发起自我认同行为

   在工作场合或日常生活中实现

4. 把自我认同理论投入实践过程的核心是企业或员工需要从两
   方面被激发出内在动机：

   行为必须发自内心

   应看重自我认同行为本身的价值，而不要把它当作一种达到目的
   的手段

04

要素四：两种行为，
伦理行为与非伦理行为

回看以前的行为，或者将目光朝前看，我们应该想想：
"看着镜子里的自己，我能说我尊重那个人吗？"

正如你已经看到的，当管理者能把过程处理好时，好事就会发生，没处理好时，坏事就会接踵而来。无论过程是指公正的特征，还是指接受方的心理体验，员工的工作效率和士气都非常依赖于事情的处理方式。如果之前的讨论还没能说服你相信高品质过程的重要性，那接下来我们会探讨一个更重要的方面：伦理。处理工作和决策的方式也会影响到员工的工作伦理。我一直在强调，高品质过程能够增强员工的工作投入度和工作能力。然而，投入度和能力不能确保员工会以合乎伦理的方式做好自己的工作。比如，在公司鼎盛时期，安然（Enron）[①]的员工既有投入度也有工作能力，但他们的行为至少是不道德的。

为了激发员工斗志，管理者通常会传递以结果为导向的信息，比如，"我不在乎你们怎么做，我只要求实现目标"，或者"结果说明一切"。诚然，管理者需要以结果为导向，否则他的位子坐不稳。然而，"结果说明一切"这样的理念会带来负面影响，那就是使员工丧失道德感。他们可能会推断，只要能完成目标，撒谎、欺骗和偷盗都是正常的。正如芭芭

---

① 美国安然公司曾是世界上最大的能源、商品和服务公司之一，在 2001 年宣告破产。——译者注

拉·托夫勒（Barbara Toffler）在其《财务末日：野心、贪婪和安达信 ① 的陨落》（*Final Accounting:Ambition,Greed,and the Fall of Arthur Andersen*）[1] 一书中所说，这正是发生在那些著名专业服务机构中的行为。

安达信以前可不是这个样子，它一直以恪守职业伦理著称于世。关于这家公司，有这样一个传奇故事：一个安达信的年轻员工告诉一个高级经理，他正在审计一家企业，但无法给出标准的审计意见，如果非要这么做，就意味着他要撒谎。尽管知悉了这一情况，但安达信创始人阿瑟·安德森（Arthur Anderson）还是告诉高级经理："芝加哥的营业收入不允许我们给出不标准的意见。"在 10 年前的一篇文章中，琳达·特雷维尼奥（Linda Treviño）和迈克尔·布朗（Michael Brown）就伦理文化如何让安达信从巅峰到陨落做了颇令人信服的阐述。引用托夫勒、特雷维尼奥和布朗的说法，这种陨落很大程度上来自：

> 公司的利润来源逐渐转向管理咨询，而不是审计。高管们早期对企业伦理的承诺被公司对收入增长的关注取代……服务客户逐渐被理解为要让客户开心，吸引回头客。而企业以合乎伦理的方式做业务的传统文化逐渐变成无条件地顺从合伙人，无论对方提出了什么过分的要求。比如，经理和合伙人会为管理咨询业务对外提供报价，一般而言这一价格会比审计费高两倍……公司咨询师则被告知必须支持这一价格。[2]

如果过程能影响伦理，那么考察哪些过程因素能起作用就很有必要了。实际上，有些过程的执行方式会影响员工的工作效率和士气，同时也

---

① 安达信曾是全球最大的会计师事务所，也是安然公司的审计机构，2002 年因安然事件被迫退出审计业务领域。——译者注

会影响他们的工作伦理。比如，第 1 章探讨了过程公正的重要性，第 3 章探讨了工作场合中的过程能影响员工看待自己的方式，比如自尊感、身份感和掌控感。我们很快将会看到，过程的方方面面都能影响员工的伦理态度。

在极端情况下，处理糟糕的过程所引发的非伦理行为会带来严重后果。当员工相信裁员过程不公正时，有些员工就会起诉公司，还有一小部分员工会采取暴力行为，甚至试图谋害他们的前上司或同事。当然，大多数非伦理行为通常不会这么极端。比如，我认识一个结算部门的员工，他在事先没接到通知的情况下被裁掉了，这让他感到很不满。在最后的工作周中，他在每一个客户的账单上都写了一些话，说他们是"白痴"，因为他们与他所在的这家公司合作。尽管大多数非伦理行为不像工作场合中的暴力行为那样极端，它们累积的负面效应也是相当显著的。

还记得汤姆吗，我们在第 1 章开篇提到的在一家制造厂工作的那名员工？汤姆本来没想过离开工厂，直到知道自己会被减薪几个月。研究表明，像汤姆这样的员工会基于薪水如何发放来决定去留。当公司的首席执行官花时间解释为什么要减薪，以及向员工表达不得不这么做的遗憾之情时，员工的流失率会比草率而为要低得多。对我们当前的讨论而言，更重要的是，同一项研究还显示，对过程的考虑影响了员工的伦理态度：当减薪过程处理得更好时，员工从企业盗取财物的可能性更低。[3]

在一项涉及 4 个不同企业和数千名受试者的大型研究中，琳达·特雷维尼奥和加里·韦弗（Gary Weaver）发现，员工对于公正的感受是他们从事非伦理行为或伦理行为的重要预测指标。非伦理行为包括在未得到授权的情况下将公司资源用于私人用途、多报销费用、无病请病假，而伦理行为包括向上司报告任何他看到的错误行为。那些相信管理者真诚对待他们、尊重他们的员工更少做非伦理行为，更有可能报告违反伦理的行为。[4]

过程因素不仅直接与公正性有关，还影响着员工的伦理行为。有些企业会对管理者进行 360 度反馈考评。这一评价过程做得很好时，不仅会改善管理者的工作，还会提高他们的诚信度。有两方面原因。首先，360 度反馈法强调管理者是如何领导和管理员工的。因此，当一个企业认真采用360 度反馈法，比如，当管理者知道他们的薪酬将受到 360 度反馈的影响时，他们一定就会知道：管理过程很重要。而当员工知道企业不仅关注结果，还关注实现结果的方式时，他们违反伦理的可能性就会降低。

其次，接受反馈能让人们关注自己的表现，比如，他们的工作在哪些方面低于预期。在同一时间从不同来源获取反馈是 360 度反馈考评过程的典型方式，这对于一个人的评价会更准确，尤其是当不同的信息来源传递了同样的信息时。这就像在照镜子。我们照镜子时不会只看自己的某一个部位。比如，尽管 360 度反馈最开始可能只聚焦于我们的行为方式为何与预期不同，我们也可以评价工作的其他方面，包括行为的表现水平。由于大多数人都很看重行为的伦理性，关注自我很可能会使行为更符合伦理。实际上，评价行为伦理的一种屡试不爽的方式就是进行"镜子测试"。回看以前的行为，或者将目光朝前看，我们应该想想："看着镜子里的自己，我能说我尊重那个人吗？"

在决策过程中，还有一种能影响行为伦理的过程因素。比如，员工在一天中的哪个时间段做决策会影响到他们的行为伦理。你认为员工是在刚上班还是要下班的时候，更容易做出符合伦理的行为？我们稍后将会回答这一问题。现在，让我们先谈谈能够影响员工工作效率和士气，同时也能影响他们行为伦理的某些过程因素。

公正与伦理

哲学家和心理学家很早就注意到，行为伦理与过程公正有相似之处。有些人甚至认为，如果行为违反伦理标准，过程就不可能是公正的，就像如果决策基于不准确的信息或没有考虑到相关利益方的诉求，结果也不可能是公正的。[5] 其他研究显示，人们渴望实现伦理价值观，这是人们希望被公正对待的原因之一。[6]

诚然，对于为什么人们希望被公正对待这个问题，有些原因并不一定与伦理本身直接相关。一种解释认为，被公正对待是通向其他重要目标的一种手段。比如，人们之所以喜欢过程公正，是因为相信随着时间的推移，他们更有可能得到公正的分配结果。[7] 或者，人们之所以喜欢过程公正，是因为他们觉得自己受到了极大的尊重。[8] 然而，根据伦理学中的义务论，过程公正之所以受到欢迎，不是因为它是实现目的的手段，而是因为它本身就是正确的。

简而言之，过程公正在道德上是正确的。与义务论相一致，人们为道德赋予的重要性影响着他们对过程公正的反应。人们越是看重用道德身份感来定义自己，被公正对待时的反应就越积极。[9] 简而言之，过程公正与行为伦理在某些方面有相似之处。人们有多看重公正性通常预示着他们有多看重行为伦理。而且，处事的公正程度也预示着他们行为的伦理程度。

公正还具有社会传染性。在不同的情景下，人们是否被公正对待会影响彼此相处时的公正态度。[10] 由于人们的公正行为反映了他们的伦理观，我们可以说，公正对待员工可以影响他们行为的伦理程度。

投桃报李

有时候，被公正对待的员工会以公正的方式回应雇主。这种情况出现在特雷维尼奥和韦弗的研究中：当员工看到雇主公正对待他们时，他们会以更合乎伦理的方式对待雇主。

丹尼尔·斯卡尔里奇（Daniel Skarlicki）和他的同事在最近一项研究中提供了另一个投桃报李的例子。客户公正对待员工会让员工公正对待客户。在他们的研究中，客户对电话接线员的态度越糟糕，比如朝他们大吼，或者使用贬低性语言，员工反过来也会对客户很不客气，比如挂断客户的电话，让他们在线等待很长时间，或者故意转接到一个不相关的部门。[11] 今后，如果你作为客户发现自己有不尊重服务员的倾向，记住这一研究结论将有助于你获得更优质的服务。

传递公正

在另一些场合，被公正对待的人也许不会直接把同样的公正态度回馈给施与他的人，而是会施与其他人。比如，中层管理者从上司那里得到了公正对待，他就很可能会把这种态度传递给下属。中层管理者从上司那里得到多大程度的公正对待，就会把同等程度的公正态度传递给下属，这种现象被称为"涓滴效应"（trickle-down effect）。

莫琳·安布罗斯（Maureen Ambrose）、马歇尔·施明克（Marshall Schminke）和戴维·迈耶（David Mayer）最近为过程公正的涓滴效应提供了证据。来自诸多行业的管理者对他们被上司公正对待的程度进行了评价。当这些管理者的下属认为团队的氛围很公正时，管理者对上司的评价就与下属对他们的评价相似，这表明管理者将上司公正对待他们的方式传递给了下属。反过来，下属对公正氛围的感受又影响了他们在多大程度上以符合伦理的方式对待其他同事和企业。那些认为团队氛围很公正的下属更容易做道德的事，比如，他们不能来上班时，会提前请假。同时，他们对同事和雇主做不道德的事的概率也更低，比如，那些认为工作环境很公正的员工更不容易公开让同事难堪，或者在未经允许的情况下拿走企业的财物。[12] 考虑到与公正－伦理有关的涓滴效应如此明显，思考为什么会有这种效应对理论和实践而言就很重要了。像所有行为一样，公正－伦理的涓滴效应取决于人们的动机和能力。特别是，公正－伦理的涓滴效应能够通过互惠行为来体现，也可以通过学习来获得。

受到互惠激励

互惠准则是指，人们或多或少会以别人对待他们的方式对待别人。驱使人们做出互惠行为的原因有哪些？这个问题超出了我们探讨的范围。像阿尔文·古德纳（Alvin Gouldner）这样的社会学家认为，互惠准则确保了社会系统的稳定；进化心理学家则认为，互惠对于物种具有生存价值。[13]不管怎么说，人们普遍认同，互惠是处理社会关系最有效的准则之一。因此，受到公正对待的员工就会有动力用公正的方式惠及他人。我们很容易理解这种投桃报李的行为。如果客户友善对待员工，那么员工反过来也会尊重客户，这一现象并不奇怪。

然而有趣的是，互惠动机不仅仅适用于投桃报李，还适用于受到公正对待的主体将这种公正性传递给第三方。戴维·沃（David Wo）和莫琳·安布罗斯认为，被上司公正对待的管理者会感到有义务公正对待自己的下属。这种现象出现的原因是：管理者把他们的上司看成了企业的代言人，当上司展现出公正行事的风格时，就好像这种风格是企业的一种文化。管理者回馈企业的一种方式就是公正对待他们的下属，因为这种方式很可能会让下属在工作中有良好表现。互惠原则还适用于管理者认为上司没有公正对待他们的时候。管理者也许不会将上司对待他们的不公正悉数"奉还"给下属，但他们在公正对待员工方面可能会做得更差，而这会打击员工士气，影响他们的工作积极性。于是，上司就以这样一种方式受到了惩罚，他作为公司代言人的形象也受到了破坏。[14]

涓滴效应可以习得

领导是下属的榜样，因此，公正－伦理的涓滴效应是学习的结果。阿尔伯特·班杜拉认为，大多数行为不是从直接经验习得的，而是通过观察榜样人物的行为习得的。管理者知道应该公正对待下属，是从上司那里学到的。[15]尤为有趣的是，负面行为也会被下属习得。在工作场合，如果领导很好斗，很强势，其下属违背伦理的可能性会更大。负面榜样是一把双刃剑。一方面，他们能够提醒人们不该做什么，从而带领观察者走上相反的方向。另一方面，他们的行为暗示了一个人可以（注意，不是应该）怎么做，因此会让观察者模仿。对那些生活阅历不丰富、身边缺乏榜样人物的人而言，这些行为的负面影响尤其明显。

超越涓滴效应

得到上司公正对待的管理者除了会公正对待下属，还会公正和道德地对待其他人，比如朋友或客户。正如安布罗斯及其同事的研究所展示的，上司的公正行为会影响团队的公正氛围，而这又会影响到员工如何对待其

他同事，而不仅仅是对待他们的直接上司。类似地，商业调研与分析公司
CEB（the Corporate Executive Board）[①]最近进行了一项跨组织研究，分析
哪些因素有助于打造诚信的企业文化。在明确的预期、开放的沟通等 7 个
主要驱动因素中，最后出现也是影响最大的一个因素是组织正义，意指组
织如何迅速而一致地处理非伦理行为。员工越是经常看到企业公正处理非
伦理行为，企业就越容易建立诚信文化。结果，员工也会更少参与非伦理
行为，甚至更有可能报告他人的不良行为。简而言之，过程公正的意义比
管理者对待下属的涓滴效应更大，这种效应还能发挥到其他人身上，比如
朋友和客户。[16]

自我完整感与伦理

在第 3 章，我们探讨了员工的工作效率和士气会受到公正过程的积极
影响，而公正的过程又会增强员工的自我完整感，也就是说，人们会认为
自己拥有自尊感、身份感和掌控感。现在，我们将讨论影响了员工自我完
整感的工作过程是如何影响员工伦理行为的。研究表明，当员工被对待的
方式削弱了他们的自尊感、身份感和掌控感时，他们的行为就更有可能违
背伦理。在一项研究中，弗朗西丝卡·吉诺和她的同事评估了受试者在有
经济利益可图的情况下撒谎的倾向。撒谎直接违背了人们对真实自我的感
知，因为接下来的测试表明，撒了谎的受试者认同"现在，我觉得我不再
是那个真实的我了"之类的陈述。

人们违背了真实的自我，解析其中的原因本身就是一件很有意思的事
情。研究中，所有受试者都被要求戴上著名时尚品牌蔻依（Chloe）的太

---

① 2017 年被高德纳咨询公司（Gartner）收购。——译者注

阳镜。为了考察受试者对戴上假货的反应，研究人员告诉其中一半受试者太阳镜是假的，另一半受试者则被告知太阳镜是真的。即使每个受试者戴的都是真品，那些被引导相信他们戴的是假货的受试者感觉受到了欺骗，进而导致他们更容易说谎。正如研究人员所说："我们猜想，感觉受到了他人欺骗更有可能导致人们做出欺骗的行为"。[17]

在另一项研究中，自尊感而非身份感是主要的自我认知研究对象。研究人员先给受试者做了个性测试，然后将测试结果反馈给他们。一半受试者被给予了负面反馈，比如"你的情绪很不稳定，在充满压力和紧张的环境下没有能力保持平静和清醒，并且非常自私"，而另一半受试者被给予了正面反馈。很容易猜到，那些被给予负面反馈的受试者对自己的评价更低。在接下来的研究中，研究人员向受试者提供了欺骗他人的机会，那些自我评价更低的人行骗的概率要高得多。[18]

正如研究显示，对身份感和自尊感的自我认知能影响行为伦理，人们对掌控感的自我认知也有这种效果。很多人对自由意志的概念深信不疑，也就是说，我们的行为来自我们的意志。然而，这一根本信念会受到环境影响而改变，从而影响我们欺骗的行为倾向。在一项研究中，凯瑟琳·沃斯（Kathleen Vohs）和乔纳森·斯库勒（Jonathan Schooler）让受试者思考一些强调自由意志或与其相反的观点"决定论"的命题。比如，其中一个关于自由意志的命题是："我能够战胜有时影响我行为的先天和环境因素。"而其中一个决定论命题是："信奉自由意志与宇宙运行由科学规律决定的信念矛盾。"然后，两组受试者开始执行一项任务，任务结束后，他们对自己的自由意志进行评价，也就是说，他们在多大程度上认同"人们对于生活有完全的掌控权"这类命题。他们要向研究人员报告自己的任务完成得如何，夸大报告结果可以赚更多的钱。相比于思考自由意志命题的受试者，那些思考决定论命题的受试者表示，他们没有感觉到自己有多少自由意志，因而更可能对自己的表现撒谎。[19] 基于研究结论，他们推测，20 世纪 60 年代至 90 年代作弊的学生数量急剧攀升，这一现象可能与学生相信他们对于行为结果缺乏掌控力有关。为了完善关于自由意志对行为伦理影响的研究结论，E. 博肖夫（E. Boshoff）和埃本·范泽尔（Ebben Van Zyl）在南非对金融服务机构的员工做了一项现场研究，结果显示，那些认为对自己的行为没有自主权或者认为自己的行为对结果影响很有限的员工，更有可能做出违背伦理的行为。[20]

为什么过程会影响人们的自尊感、身份感和掌控感，从而影响人们的行为伦理？不同的情况，答案可能各不相同。比如，当人们不在意自己的身份或他们是谁时，就更有可能不受个人伦理行为准则的影响。大多数人都有强烈的是非感，对有些人而言，道德感甚至是自我的基本组成部分。（下一章的开篇将介绍一种测试方法，你可以用它来评估道德感对于你的身份感有多重要。）

人们在意自我感受的程度会影响他们个人行为的操守，包括行为伦理。有意思的是，即便是微不足道的环境因素也会影响人们的自我感受，进而影响他们的行为伦理。在一项研究中，本科生被要求在一张纸上写下他们的高考成绩。一半受试者是在一面镜子前完成这项任务的，而这面镜子本来用于其他研究。另一半受试者没有在镜子前做这件事。相比于后者，那些在镜子前完成任务的学生更可能诚实地回答问题，尤其是当他们的成绩相对较差时。[21]

另一项研究从不同方面考察了让人们关注自己会如何影响他们的行为伦理。在填完纳税申报表后，人们通常会被要求在上面签名，以表示他们准确填写了相关信息。莉萨·舒（Lisa Shu）和她的同事最近考察了人们在一开始就签下自己的名字（表明他们愿意准确填写信息）是否会导致更少的虚假申报。在一项与填报纳税申请表类似的任务中，研究人员让一些受试者在刚开始就签名，而另一些受试者在任务最后签名。那些在刚开始就签名的受试者比在最后签名的受试者做出虚假陈述的可能性更低。此外，研究人员还很明智地考察了这一结果是否是因为较早签名使伦理成了人们行为更明显的考量因素。受试者被提供了一些没有填写完毕的单词，并被要求填完它们。有些单词与伦理有关，有些则与伦理无关。比如，"__RAL"可以被填写为"MORAL"（道德）或"VIRAL"（病毒），而"_I__U_"可以被填写为"VIRTUE"（美德）或"TISSUE"（器官）。较早签名的受试者比最后签名的受试者更多地填写了与伦理相关的词语，而这反过来又与较早签名者更少谎报纳税事项有关。[22]

为什么自尊感受到威胁会使员工的行为更不符合道德？人们负面评价自己的时候，可能会以不道德的行为来与自己的负面形象或身份感保持一致。用自我认同理论的术语来讲，对自己评价不高的人会以消极或非伦理的行为方式来让自我感保持"一致、相符和稳定"。类似地，自我验证理论（Self-verification theory）也表明，人们希望连贯一致地看待自己。如果负面看待自己的人接收到正面的反馈信息，结果会如何呢？一方面，如果他们在意别人对自己有良好的评价，我们就可以预期他们的行为会表现得更好，对自尊感很低的人而言尤其如此，他们更需要正面的反馈。另一方面，比尔·斯旺（Bill Swann）和他的同事进行的一项研究表明，自尊感低的人常常拒绝对自己的正面反馈，尤其是当他们对负面反馈深信不疑时，或者希望与评价者建立持续的良好关系时。[23]

还有一些不同的理由可以解释为什么自我掌控感与行为伦理之间有正

向关系。自认为有掌控感的人有一个很重要的特征，那就是他们会对自己的行为结果负责。于是，当行为结果很好时，有责任感的人会自我感觉良好，而当结果不好时，有责任感的人会对自己感到失望。因此，人们对于负面结果的感受有多糟，取决于他们的个人责任感有多强。那些认为自己有掌控感的人更有可能认为自己有个人责任感。换句话说，那些自认为掌控感更强的人，如果做了违背伦理的行为，他们的自尊感就会降低。因此，自认为掌控感更强的人会做出预期，如果违背伦理，他们对自己的评价就会特别糟糕，这反而会让他们遵守伦理准则。他们只会因为违背伦理而责怪自己，这一事实会让他们更少做违背伦理的事情。此外，符合伦理的行为会让他们获得声誉，这会促使他们更多地做正确的事情。

评估道德感对于身份感的重要性

当人们在任何一个情景中都习惯于关注自己的行为时，这会显现出他们的道德标准，从而导致他们更有可能做符合伦理的事情。展现道德标准并不会因情况而异，而是因人而异。尽管道德感对于大多数人的身份感具有重要意义，但这种道德重要性有很大的个体差异，这被称为道德身份感。卡尔·阿奎诺（Karl Aquino）设计了一种有效的道德身份感评估法，可以预测人们行为的诚信度和道德感。比如，那些在道德感上得到高分的人，更有可能：

◎ 参加食品募捐活动；

◎ 在自身圈子之外参与慈善活动，帮助其他群体；

◎ 在运动会上与别人公平竞争。

道德身份感不仅会影响人们的行为伦理，还会影响别人是否以公正的方式对待他们。比如，当客户尊重员工时，那些道德感更强的员工回馈客户的倾向也会更强。[24]（如果你想评估自己的道德感，请参见工具 G。）

自我掌控感与伦理

人们的自我感影响着他们的行为伦理，这其中还有一种原因。我们已经考察了人们对自己自尊感、身份感和掌控感的认知会如何影响其行为伦理。行为伦理程度与下面三个因素有关：

◎ 人们如何看待真实的自己；

◎ 人们是否积极评价自己；

◎ 人们是否认为对自己的行为及其结果具有掌控力。

然而，还有一种重要的方式可以谈论自我及其对伦理的影响。自我不仅仅是人们行为的客体，还是驱动行为的主体。100 多年前，威廉·詹姆斯把前者称为"客体我"（me-self），把后者称为"主体我"（I-self）。[25]

至此，我们仅仅探讨了"客体我"。然而，"主体我"同样会影响人们的行为伦理。"主体我"执行的是一种自我训练功能，让人们去思考、感受，去做某些事情，而不做另一些事情。换句话说，"主体我"让我们能够具有自我掌控力。正如我们将看到的，行为伦理不仅仅取决于人们认为自己有多强的自控力，还取决于想要增强这种自控力的意愿。增强自控力需要我们抑制情绪冲动，让自己多思考，多感受，多做一些不同寻常的事情。[26]比如，想要减肥的人必须抵制美食摆在面前时的饕餮诱惑。想要建立持续竞争力的企业需要抵制目光短浅的思维。

要想获得成功，个人和企业都要运用自控力。让行为合乎伦理同样会时常用到自控力，比如，抵制违背伦理的诱惑。然而，讽刺的是，运用自控力是有代价的。马丁·哈格尔（Martin Hagger）和他的同事最近提出：自控力通常是一种有限的资源，当资源耗尽时，自控力就下降了……自控力训练被比作肌肉训练。正如增加肌肉需要通过一段时间来消耗力量和能量，同样，做到极强的自控力也需要消耗大量能量。经过一段时间的持续练习后，肌肉会变得疲劳，从而降低力量。当自控力的资源被消耗了很长一段时间之后，它也会被耗尽。罗伊·鲍迈斯特（Roy Baumeister）和他的同事把这种自控力减弱的现象称为"自我损耗"（ego depletion）。[27]

运用自控力与人们的行为伦理之间有什么关系呢？即便合乎道德地行事需要自控力，运用自控力的行为（甚至与行为伦理无关）还是会带来自我损耗，至少会在短期内降低人们的道德感。让我们看看下面的例子：

克里斯汀和罗根是一对夫妇，也是同一家媒体公司的中层管理者，他们目前还没决定要孩子。最近几年，他们开始对公司试图平衡员工工作与生活的做法感到不满，问题在于，公司为有孩子的员工提供了大量便利（比如弹性工作制、远程办公和在单位照看孩子），却没能为没有孩子的员工提供便利。克里斯汀是一个马拉松爱好者，需要在比赛前的几个月有更多弹性时间来训练自己。罗根有年迈的父母需要照顾，当然，他很欣赏公司为有孩子的父母提供灵活时间安排的做法。但他们被公司告知，没有孩子的员工抱怨没有受到公司公正对待是"不职业、不合适的"。不幸的是，愤怒的确是夫妻俩的真实感受。刚开始，他们努力工作，想让公司改变政策，让没有孩子的员工也能享受同样的待遇。然而，过了一段时间，他们沮丧地发现，试图改变现状的努力是无效的。

卡拉在一家金融服务机构工作多年，经历过公司的很多变革，包括政策变革和技术变革。变革如此之巨，公司要求卡拉放弃之前已经习惯多年的工作方式，学习全新的工作技能。

蒂姆是一家药企的销售人员，他上司的领导风格可以说是事必躬亲。事无巨细的管理者会要求员工严格按照自己的目标和方法去做。比如，即便蒂姆有自己的好办法，能够更好地与客户打交道，上司还是不同意让他践行自己的想法。蒂姆的上司在早年当销售员的时候建立了一套成功的销售方法，然而，他的方法在那个时代管用，已经不太适用于现在的环境了，那不是唯一的成功之道。实际上，蒂姆自己的方法与上司的方法一样有效。

在所有这些例子中，为了抑制情绪，员工必须运用自控力。克里斯汀和罗根必须对自己的情绪加以控制。他们被告知，将自己感受到的消极情绪表达出来是不对的。企业社会学家阿里·霍赫希尔德（Arlie Hochschild）在情绪行为的概念上花了很多笔墨，这一概念要求员工表达情绪，而不是表达所体验到的其他感受，进而影响他人的情绪。有时，情绪行为是由企业制度引发的。在很多企业里，表达一般意义上的情绪和特别的愤怒都是不被允许的。实际上，情绪行为由工作本身造成。对有些专业工作者而言，比如护士、医生、治疗师、安保人员和健康服务人员，情绪行为是不可避免的。[28]

卡拉必须运用对情绪的自控力，但更多的是运用对自己行为的自控力。她已经逐渐习惯以某种方式工作，但现在她必须做不同的工作。在这个案例中，不是企业制度，也不是职位变迁，而是外部环境变化要求她必须对自己的行为运用自控力。

蒂姆也必须对自己的行为运用自控力，但他的情况与前面的例子有所不同。他是因为过程管理问题才必须这么做，他的上司要求蒂姆运用自控力。本来他有自己的一套方法，可以用来与客户打交道。但遗憾的是，管理上事无巨细的上司坚持自己的工作方式，迫使蒂姆无法以自己认可的方式开展工作。

无论出于什么原因（企业制度、职位变迁、环境变化、过程管理），工作场合中的不同情况都要求员工运用自控力。自我损耗的结果就是让员工的自控力资源逐渐耗尽，导致一些不良行为产生，比如，行为的道德感降低。实际上，克里斯汀、罗根、卡拉及蒂姆身处的环境能够影响他们的行为伦理。

这一结论与一种更广义的信念相符：人们做出违背伦理的行为，不是因为他们缺乏道德感，而是因为好人在糟糕的环境中也会做坏事。自我损耗理论的另一个特点是，它为非伦理行为倾向做了开脱，理由如下：一旦人们必须花费大量精力去运用自控力，自我损耗状态就会导致他们在接下来的行为中降低自控力，至少从短期来看是这样。

因此，需要再次强调的是，过程很重要。在第 3 章（以及本章开篇），我们探讨了某些行为和决策的过程是如何影响"客体我"的（对自尊感、身份感和掌控感的自我认知），反过来这又会影响到员工的工作效率、士气和伦理。在这里，我要表达一个相关的观点：某些行为和决策的过程同样会影响"主体我"，也就是说，员工需要在一定程度上运用自控力。过程越是需要员工运用自控力，员工越有可能感到自我损耗，而这反过来又会影响他们的效率、士气和伦理。比如，在克里斯汀和罗根所面临的情况中，员工要求企业做出改变，然而企业却限制员工表达情绪。克里斯汀和罗根被告知，表达愤怒是不被允许的，这只会导致他们没有动机支持企业的任何变革，因为变革一开始就让他们感到了愤怒。

最后一句话并不是无端猜测。卡迪·德塞勒斯（Katy DeCelles）和斯科特·索南沙因（Scott Sonenshein）最近研究发现，愤怒的员工拥护企业变革的动机更小。然而，在企业之外，愤怒的员工却有更大的动力要求变革。为什么愤怒会在企业内外产生如此不同的影响呢？两种人都感到愤怒，但企业内的员工更有可能接受表达愤怒是不被允许的观点，因此，相比于企业之外的人，内部员工不得不运用更强的情绪自控力。在感到自我损耗增大之后，内部员工进一步控制情绪来推进工作的能力就会降低，比如，付出更大的努力来应对变革的能力就会下降。[29]

假设克里斯汀和罗根这样的员工被以不同的方式对待，他们被告知对企业政策的健康情绪表达是允许的，或者，甚至企业可以做得更好，欢迎员工表达情绪，结果会如何呢？我的猜测是，他们为了抑制自己的情绪而耗尽自控力的可能性会降低。结果便是，他们可能会更有动力拥抱有益的变革，他们的行为也会更符合伦理。

研究已经表明，在一项行为中加强情绪自控，会使人们在接下来的行为中放松这种自控，即便这两项行为都与伦理无关。在一项早期研究中，罗伊·鲍迈斯特和他的同事要求一些受试者通过抑制自己的情绪来运用自控力，同时要观看一段令人情绪激动的视频，另一些受试者则被允许公开表达他们的感受。然后，两组受试者都被要求用尽自己的全力握住一个手柄。尽管两组受试者在研究刚开始时都觉得自己的肌肉力量与他人无异，然而那些运用了自控力的受试者紧握手柄的时间要比没运用自控力的受试者短得多。在鲍迈斯特和他同事的另一项研究中，运用自控力组的受试者只能吃萝卜，不能吃巧克力。另一组受试者则可以吃巧克力，但不能吃萝卜。结果表明，相比于另一组受试者，运用自控力的那组受试者在接下来需要完成认知力和自控力都很强的任务时，动机明显不足。[30]

表面上看，需要运用自控力的第二项任务与行为伦理无关。然而，在更深的心理层面，它与行为伦理密切相关，尤其是当行为的伦理性要求人们运用自控力时。因此，如果运用自控力会让人们在接下来的行为中更难做到自控，那么我们有理由相信，运用自控力会影响人们在行为伦理方面的倾向。

弗朗西丝卡·吉诺和她的同事最近证实了这一看法。在一项研究中，受试者观看了一个妇女被采访的视频，其中字幕会在屏幕下方显示出来。被要求运用自控力的受试者被告知做一些不合乎天性的事情："不要读或看这些字幕。如果你发现自己正在看字幕，需要马上把注意力转移到妇女的脸上去。"相反，那些没有被要求运用自控力的受试者则没被告知不可以看字幕。然后，所有受试者都要参加一项任务，并被告知研究人员会根据任务表现给予他们相应的奖励。对于自己的表现是否比实际更好这一问题，吉诺和她的同事测试了受试者的撒谎程度。那些自控力受到自我损耗的受试者比那些自控力没有受到自我损耗的受试者更有可能撒谎。

在第二项研究中，自我损耗的任务包括让受试者做一些非常规的事情：写一篇短文，其中必须避免使用常用字母（A 和 N）。相反，另一组受试者被要求写同样的短文，但避免使用非常用的字母（X 和 Z）。接下来，受试者参与了另一项任务，他们有机会对自己的任务表现撒谎，从而赚更多的钱。再一次，那些在写短文时产生了自我损耗的受试者更有可能撒谎。[31]

在本章开头，我提到，决策时机是一项重要的过程因素。时机可以指一个月，或者一个季度。比如，尽管裁员通常不是好消息，但如果裁员能在圣诞节之前不久执行，而不是在第二年的头几个月内执行，员工对这一过程就不会那么敏感。时机还可以指一天中的某个时点。如果员工被要求做出某些决定，试图让他们以非伦理的方式行事，在当天做出这种决定的时点就可能会影响他们的行为。玛丽亚姆·考恰奇（Maryam Kouchaki）和伊萨克·史密斯（Isaac Smith）认为，随着时间推移，仅仅是日常生活的经历就能降低一个人的自控力……与日常行为有关的日积月累的疲乏（比如做决策、控制行为）能耗尽人们的自控资源，从而使他们更有可能做出违背伦理的事。

考恰奇和史密斯以非常直接的方式验证了这一观点。两组受试者参与一项研究，他们可以通过撒谎挣更多的钱。两组受试者之间唯一的区别在于，研究在当天开展的时点不同。一半受试者被随机分配参与早上的研究，另一半受试者参与下午的研究。结果显示，下午组明显比早上组更有可能撒谎，这被研究者称为"早上道德效应"（morning morality effect）。那些下午参加研究的受试者的道德意识比早上的受试者更低。比如，下午组的受试者在完成填空任务时，更有可能把单词"_ _ RAL"填成"VIRAL"，而早上组的受试者更有可能填成"MORAL"。[32]

如果管理者想要员工在做决策时保持最佳状态，就应该留意能影响员工行为伦理的各种细节。"早上道德效应"的一个直接应用就是，只要有可能，与伦理有关的决策就应该在上午而不是下午来做。此外，一旦知道了"早上道德效应"背后的原因，还可以引发其他的实践想法。假如"早上道德效应"是因为人们在早上比在其他时段有更多的自控力，那么管理者在考虑做与伦理有关的决策的最佳时机时，就应该把员工在自控方面的精力考虑在内。当员工刚经历完需要运用自控力的事件之后，他们就更有可能在行为上违背伦理。比如，无论在一天当中的什么时候，只要员工刚与亲力亲为的上司打过交道，或者刚完成一项艰苦的培训任务，这时要求他们放弃旧的工作习惯、采用新的工作方法，对员工而言绝不是最佳的决策时机。

考恰奇和史密斯发现，践行自控力会降低道德感，因为它会让人们的道德意识下降。如果这一观点是正确的，那么建立增强道德意识的机制就是一种很好的解决办法。为了摆脱群体性思考（群体中所有成员都以相似的方式看待一个复杂的问题），欧文·贾妮斯（Irving Janis）等研究群体动力机制的学者认为，群体应该让某个员工扮演"故意提反对意见的恶人"。这个人的职责就是指出群体中主流意见的问题所在，从而激发大家思考解决该问题的其他方式。[33] 由于运用自控力会降低人们的道德感，群体中就需要一个"意见天使"，这个人要在决策的道德方面提醒群体中的成员。

其他研究显示，一天中的不同时点会影响决策，包括但不限于与伦理有关的决策。相对于上午，晚上更容易发生不良行为，比如冲动式犯罪、暴力袭击、毒瘾复发和醉酒。此外，最近的一项研究很贴切地用了"司法裁决的法外因素"这样的标题，沙伊·丹齐格（Shai Danziger）和他同事的研究证明，法官假释批文的态度会受到他们收到申请的时间影响。对法官而言，日常的一天由三个裁决阶段构成：

◎ 上班伊始至上午茶歇；

◎ 上午茶歇至午餐时间；

◎ 午餐结束至下班。

罪犯的假释申请如果能在每一个裁决阶段的早些时候递交到法官那里，他们申请成功的概率就要高得多。[34] 尽管有很多因素可以确切地解释为什么人们更容易在每天的晚些时候犯错，但在这两个例子中，一个有力的解释是，运用自控力导致了精力的自我损耗。

简而言之，当人们要在与伦理无关的行为上运用自控力时，他们更可能，至少很短暂地，表现得不符合伦理。其他研究已经显示，运用自控力还会降低人们做善事的可能性，比如，帮助有需要的人。徐汉仪（Hanyi Xu，音译）和同事让一组受试者执行自我损耗的任务，比如，在观看情绪激烈的电影时压抑自己的感受，而另一组受试者在观看电影时没有这一限制。然后，所有受试者都被给予机会去帮助他人，比如为抗击艾滋病的慈善机构捐款。结果显示，压抑感受的那组受试者慷慨程度更低。[35]

关于自我损耗与工作伦理之间的关系，还有另一种思考方式。当自我损耗的动因与伦理有关时，比如，拒绝非伦理行为的诱惑会使员工随后有效运用自控力的可能性降低，无论运用的场景是否与伦理有关。我们之前探讨了在与伦理无关的行为中运用自控力具有外溢效应，能降低人们随后的道德感。实际上，这种外溢效应也会以相反的方式起作用：当人们运用自控力是为了拒绝非伦理的诱惑，这种做法就会在其他方面降低人们的自控力。因此，当员工面临撒谎、欺骗或偷盗的诱惑时，如果他们能成功地拒绝这些诱惑，就会为此付出一些代价，至少就短期而言，他们在接下来需要运用自控力的任务中会表现得更差。

在一项研究中，拒绝了欺骗诱惑的受试者在接下来与伦理无关但需要运用自控力的行为测试中表现更差：这就是所谓的斯特鲁普测验（the Stroop test），以它的发明人心理学家约翰·里德利·斯特鲁普（John Ridley Stroop）命名。它的做法如下：人们被展示一组关于颜色的词，但是实际看到的颜色与词语表示的颜色不符，比如，"红色"这个词实际上是绿色的。受试者必须尽可能快地认出这个词是哪种颜色，比如，当"红色"这个词由绿色表示的时候，就要说绿色。[36]

在试图解释为什么好人会做坏事时，组织行为学研究者已经阐述了工作场合会影响员工行为伦理的很多原因。有时上司施加的压力会导致员工做出不正确的事情，有时激励机制会导致员工行为走偏。工作环境也是原因，如果你环顾四周，发现你的同事都在做不符合伦理的事情，你自己也会更容易这么做。此外，企业不仅能引发员工做错误的事情，还很难让他们在看到非伦理行为时向领导报告。简而言之，一旦我们理解了工作场合中引发员工做出非伦理行为的各种原因，就更容易理解为什么好人也会做坏事。在很多情况下，是环境而不是员工本人造成了这种现象。[37]

还有另一种潜在的危险因素存在。即便道德感很强的员工运用自控力不做违背伦理的事，他们仍可能会出现自我损耗，这会在两个方面产生负面影响。首先，它会影响到接下来与伦理无关的行为的表现，正如斯特鲁普测验显示的那样。其次，它会降低人们随后的道德感，尤其是当接下来的行为要求人们运用自控力时，比如拒绝非伦理行为的诱惑。

实际上，与"道德自律"有关的研究已经表明，按伦理行事会在随后让人们更有可能做出非伦理的行为："人们之所以会进行道德自律，是因为好的行为会让人们对自己的道德感有更好的评价。如果人们很有信心地认为，过去的行为表明自己有同情心、慷慨、缺少偏见，那么他们就更可能在做一些道德上有瑕疵的事情时，感觉不到自己是无情、自私和固执的。"根据这种观点，先前的伦理行为会让人们有一种"释放感"，导致之后的行为有违伦理，因为早先的道德感让他们相信，自己是善良、正直的公民。[38]

自我损耗效应解释了为什么实践伦理行为会产生更少的伦理行为，但它与道德自律的作用原理不同。在道德自律中，自我是一个客体。只要证明了自己是道德的，人们随后就会以不太道德的方式行事，而不会担心这些非道德行为对自己的评价产生负面影响。在第 3 章，我们探讨了自我认同练习能让员工变得宽容，甚至接纳本来会对自己造成威胁的信息。同样，以符合伦理的方式行事证明了人们对自己道德感的认可，从而使他们在随后做出非伦理行为时免于受到自我否定的影响。

在自我损耗中，自我是一个主体。先前的伦理行为可能需要人们运用自控力，因此，在随后做出伦理行为时，他们运用自控力的精力就会减少。道德自律和自我损耗的效果是一样的：人们先前的伦理行为会让他们在随后做出违背伦理的行为。然而，至关重要的是，无论出于理论还是实践上的考虑，我们都要搞清楚这种现象背后的机理，毕竟，如果一个人想要打破伦理行为被非伦理行为紧随的怪圈，他就很有必要知道为什么会出现这种现象。如果这种现象是由道德自律引发的，那么他可能就会采取办法进行干预，让人们意识到道德感并非朝夕之功，而是一种建立在日常行为基础上的身份感。相反，如果这种现象是由自我损耗引发的，那么干预的方式可能就会变成减少先前行为在运用自控力上的精力损耗。通过干预来抵消行为伦理的自我损耗效应还有其他几种方式，我们将在下面逐一介绍。

自我损耗降低行为伦理是不可避免的吗

截至目前，我们对企业生存、自控力和行为伦理的探讨，其结论都是相当悲观的。我已经表明，工作场合要求员工运用自控力会导致精力的自我损耗，结果就是，员工更有可能违背伦理。而企业生存的严峻现实在于，它必须强迫员工做一些需要运用自控力的工作，比如学习一门新技术，应对无礼的客户或拒绝短期利益的诱惑。

幸运的是，在思考企业生存、自控力与行为伦理之间的关系时，我们有理由持乐观态度。运用自控力不会总是导致自我损耗。它可以导致，但不是必然导致。当运用自控力产生的自我损耗较小时，人们违背伦理的可能性显然就会更小。实际上，最近有很多研究证实了，在有些情况下，即便人们运用了自控力，由此导致的自我损耗也是很小的。我将探讨两大类情况。一类涉及积极态度。你可能听说过正面思维的力量。事实上，运用自控力与自我损耗之间的正向关系既能被正面思维削弱，也能被正面感受和正面行为削弱。另一类情况与行为动机有关，这些动机可以被当作自我损耗的解药。

在接下来提到的研究中，没有哪一项考察了人们的道德感，但它们都可以引申出如下结论：运用自控力会导致自我损耗，这反过来又会降低道德感。但正如接下来的研究所表明的，如果某些情况下运用自控力不会导致过多的自我损耗，那么在这些情况下运用自控力就不会导致道德感的下降。

积极的力量

约书亚·克拉克森（Joshua Clarkson）和他的同事在一项研究中阐释了正面思维的力量。受试者在执行一项任务的过程中被要求运用自控力。

首先，研究人员给他们几页文字，这些文字是从统计学教材中选取的。受试者被要求删除文字中所有字母"e"。然后，他们执行第二项任务，被要求删除文字中的字母"e"，但有一些例外情况，比如，当某个单词中的另一个元音字母出现在"e"之后（比如"read"这个词），或者当另一个元音字母与"e"只有一个字母的间隔，无论它出现在"e"之前还是之后（比如"vowel"这个词），受试者都不能删除"e"。由于受试者已经习惯了第一项任务中的执行程序，执行第二项任务就是在要求他们以不同的方式运用自控力。

接着，所有受试者都要做一个专门设计的举动，以测试他们自认为的精力损耗情况。所有人都被告知，执行任务时所看到的纸的颜色会影响他们的认知能力。其中一半受试者被告知，颜色会对认知能力产生负面影响（耗尽他们获取信息和仔细思考的能力），而另一半受试者被告知的内容完全相反，颜色对他们的认知能力有正面影响。

你认为这些信息会如何影响受试者看待自己的精力损耗水平？你可能猜测，那些被告知颜色会损耗精力的受试者会比那些被告知颜色会增强精力的受试者更容易感到筋疲力尽。然而，结果正好相反。为什么？那些被告知颜色会损耗精力的受试者，立刻有了感到疲乏的外部借口：纸的颜色。结果，他们心里会认为，他们真实的自我损耗水平是很低的。那些被告知颜色会增强精力的受试者则没有这样的借口。事实上，他们会认为自己真的感到很疲乏，要不是颜色增强了他们的精力，他们可能会感到更累。那些相信真实的自我损耗水平更低的受试者，在接下来的自控力测试中比那些相信纸的颜色增强了他们精力的受试者表现得更好。[39] 尽管这一实验结果是违背直觉的，但那些相信他们真实精力更好的受试者接下来的确表现出了更好的自控力：这就是正面思维的力量！

迪亚娜·泰斯（Diane Tice）和同事的一系列研究，通过考察心情的作用，揭示了积极情绪的力量。在所有研究中，一半受试者被要求做某件需要运用自控力的事情，比如，有些人被要求写下他们当前的想法，但不能去想一头白熊。你曾经试图压制过某个想法吗？如果有，我打赌第一个浮现在你脑海中的想法就是你试图压制的想法。压制不想有的想法需要自控力。在另一项研究中，有些受试者都有一种习惯，但被要求打破这种习惯，这很像是删除字母"e"，但又被告知在有些情况下"e"是不能被删除的。还有一项研究，其中有些受试者必须拒绝美味快餐的诱惑。在这三项研究中，控制组的受试者均不被要求运用自控力。

无论最初的行为是否被要求运用自控力，三项研究中的所有受试者接下来又执行了第二项任务，要求所有人都运用自控力。然而，在两项任务之间，有些受试者被引导产生了好心情，比如，观看罗宾·威廉姆斯或艾迪·墨菲的脱口秀，另一些受试者则没有观看。在缺乏好心情的情况下，典型的自我损耗效应发生了：在第二项任务中，那些最开始运用了自控力的受试者要比没有运用自控力的受试者表现得更差。然而，在那些体验了好心情的受试者中，自我损耗效应消失了。[40]

布兰登·舒梅切尔（Brandon Schmeichel）和凯瑟琳·沃斯提出，增强自我认同感可以抵消自我损耗，从而阐释了积极行动的力量。在一项研究中，有些受试者被要求运用自控力，另一些则无此要求。要求运用自控力的任务是让受试者写一个关于最近一次旅行的故事，但不能用到字母 A 或 N。在第二项研究中，需要运用自控力的任务是观看一段视频，字幕在屏幕中定时出现，但受试者不能去看这些字幕。在这两项研究中，受试者随后都会执行另一项任务，要求他们运用自控力，比如，看他们把手放在冷水中能坚持多长时间，或者在一项很有难度的字谜游戏中能坚持多长时间。正如研究人员所预料的，相比于没有运用自控力的受试者，那些在第一项任务中被要求运用自控力的受试者没能在第二项任务中坚持多久。然而，在两项任务之间，如果受试者参与了自我认同练习，这一效应就消失了。[41] 正如第 3 章所探讨的几项研究，自我认同行为包括对个人看重的价值点进行排序，然后简要写下为什么排名最高的价值点对于他们最重要。

尽管上述研究都没有考察行为伦理，但它们对于自控力的运用是否会降低接下来的行为道德感还是有明显启发意义的。正面思维、积极情绪和积极行动都是有效的解药。比如，"早上道德效应"意味着人们在一天中的晚些时候比早上更容易做违背伦理之事，但如果员工被引导相信他们仍然拥有自控力（正面思维），如果提供信息，让他们拥有好心情（积极情绪），或者如果让他们参与自我认同练习，增强自我感（积极行动），那么这种效应就会被削弱或者消除。正面思维可以通过提供榜样人物的例子来产生，比如，榜样人物也会面临自我损耗的困境，但最终战胜了它（"如果他们能做到，我也能"）。积极情绪可以通过告知员工一些关于他们或企业的令人振奋的消息来产生。正如我们在第 3 章所看到的，通过参与自我认同行为而产生的积极行动能够以多种方式体现出来，比如，参加企业组织的义工活动。

动机的力量，或者以毒攻毒

就本质而言，自我损耗反映了努力程度的下降。通过运用自控力，人们在执行接下来需要运用自控力的任务时，所需要的心理资源就减少了。然而，要是告诉员工持续运用自控力对于他们的工作是至关重要的，结果又会如何呢？这会让他们克服自我损耗的困境吗？比如，员工被很强势的上司搞得筋疲力尽，或者想象员工必须学会一个新的工作流程，这要求他们放弃以前所有的工作习惯。在这两种情况下，自我损耗体验可能会让他们很难招架撒谎、偷盗和欺骗的诱惑。

假设这两种情况下的员工都被要求重视行为伦理。比如，企业官网会显示企业承担社会责任的各种案例：支持员工做义工，带头保护环境，等等。有些研究显示，当自控力的重要性得到强调时，产生了自我损耗的员工也能继续维持高水平的自控力。马克·姆拉文（Mark Muraven）和伊丽莎白·斯莱萨勒瓦（Elisaveta Slessareva）要求某些受试者压制某些想法（比如想象一头白熊），来消耗他们的自控力。而在控制组中，受试者不需要压制任何想法。然后，所有受试者都要完成一项任务，他们被引导相信将要参加一个创造力测试。这一任务要求受试者用彩色笔在纸上画一个几何图形，只能一笔画完，其间不能让笔离开纸面。但受试者不知道的是，这项任务是不可能完成的。自控力测试主要考察受试者在面对不可能完成的任务时愿意坚持多长时间。相比于控制组的受试者，那些被要求压制想法的受试者在这项测试所谓创造力的实验中坚持的时间更短，这就是典型的自我损耗效应。

然而，当受试者被引导相信这项具有创造力的任务是一个具有重大意义的研究课题的一部分时（比如"能为阿尔茨海默病的新疗法提供科学证据"），那些之前被要求压制想法的受试者在这项任务上坚持的时间就会长得多，他们比那些压制想法但没被告知任务重要性的受试者坚持了更长时间，而且他们坚持的时间与那些之前没有压制过想法但被告知了任务重要性的受试者一样长。[42]

当人们相信自己能做一些重要的工作时，就有了克服困难的动力。当然，激励员工的一种方式是金钱，尤其是在工作场合。然而，提供物质奖励是否能激励自我损耗的员工做符合伦理的事情呢？假设提供一大笔钱让精力受到损耗的员工做符合伦理的事情，或者如果他们做了违背伦理的事情，将会被处罚一大笔钱。关于这个问题，让我们先看看正方和反方的观点，最后我会告诉你我自己的看法。

正方

有证据显示，付给员工更多的薪水可以抵消自我损耗的影响。姆拉文和斯莱萨勒瓦引导某些受试者产生了自我损耗，另一些则没有。然后，所有受试者参加了另一项需要运用自控力的任务：喝一种任何人都不想喝的饮料——加入了醋酸的"酷爱"（Kool-Aid）牌饮料。所有受试者都被要求尽可能多喝。有些受试者被提供了更多的金钱作为刺激手段，而另一些提供的金钱相对更少。在那些感到自我损耗的受试者中，奖励提供得越多，他们喝得就越多。[43] 尽管喝这种味道糟糕的饮料与伦理行为无关，但它与伦理行为一样，都需要运用自控力。有一个指标可以反映两者的相似之处：如果受试者处于自我损耗状态，他们就更有可能不喝饮料或者做违背伦理的事情。因此，完全可能的情况是，付给自我损耗的受试者更多的金钱不仅会激励他们喝更多难喝的饮料，还会增加他们遵守伦理规范的可能性。

此外，金钱能够起到激励作用，还有另一个原因：金钱不仅具有物质或真实价值，还有象征价值。研究显示，稍微引导人们去想象金钱，会让他们体验到自我认同、心理韧劲和自信。之前我们谈到了正面思维的力量，乐观主义信念能够抵消自我损耗效应。研究显示，人们只要一想到金钱就能带来正面思维。在一项研究中，周新月（Xinyue Zhou，音译）、凯瑟琳·沃斯和罗伊·鲍迈斯特打着研究"手指灵活度"的幌子，让受试者在一种情景下数 80 张 100 美元的钞票，在另一种情景下数 80 张纸。然后，他们检验了受试者在面对社会痛苦和生理痛苦时的心理韧劲。相比于只数了纸的受试者，那些数了钱的受试者韧劲更强，更少受到他们经受的社会痛苦和生理痛苦的负面影响。[44]

如果认为金钱能增强心理韧劲，那么它应该可以缓解运用自控力造成的效应。海伦·鲍彻和蒙特·科福斯（Monthe Kofos）检验了这一观点，尽管他们以一种更聪明的方式让受试者想到金钱。首先，受试者要做某件事，这件事要么需要他们运用自控力（压制想象一头白熊的想法），要么不需要运用自控力。接下来，受试者将完成一项造句子的任务。他们被提供了 30 组由 5 个单词构成的文字，只能使用每一组中的 4 个单词来造句。比如，在"金钱"小组，5 个单词可能是"won, green, the, lottery, I"（赢得、绿色、这张、彩票、我），它们可以被造出"I won the lottery"（我赢得这张彩票）。在"中立"小组，5 个单词可能是"metal, I, wrote, letter, the"（金属、我、写了、信、这封），它们可以被造出"I wrote the letter"（我写了这封信）。然后，研究人员通过观察受试者在接下来一项困难的认知任务中的表现，来评估他们运用自控力的能力。结果之前没有运用自控力的"中立"小组受试者表现更糟。"金钱"小组的表现则完全不同：那些之前压制想法的受试者做得更好。换句话说，如果让受试者想到了金钱，同时又压制了想法，他们在随后执行困难任务时就会比没想到金钱，又没有压制想法的受试者表现得更好。结论似乎是因为想到金钱引起了正面思维。那些想到了金钱的受试者会认为有难度的认知任务没那么难，而这正好反映出正面思维的效果。[45]

这些研究结论是否意味着，企业应该用金钱奖励员工，让他们的行为符合伦理，尤其是当他们经历了自我损耗之后？一方面，用金钱买道德似乎是一个好主意，因为出于某些原因，金钱能防止自我损耗的员工做出不道德的事情。金钱作为激励手段能让经历了自我损耗的员工做出合乎道德的事情。另一方面，金钱能让经历了自我损耗的员工产生自信，并由此带来正面思维，而正面思维又被证明是自我损耗造成的不道德行为的一剂解药。

反方

用金钱激励员工遵守行为伦理不太可能成为有效之策，这至少有三方面原因。首先，仅仅因为想到金钱就能产生正面思维，并不意味着一定会出现这种情况。我们不难想象，想到金钱会让人们失去动力而不是激发动力的情况。比如，对于缩小已有的薪水和想要的薪水之间的差距这件事，想到金钱可能会让悲观者意识到他们没能获得自己想要的份额，这就很难让他们产生自信和能力。玛丽亚姆·考恰奇和她的同事最近提出，金钱所能激起的各种想法远比激发动力或失去动力更复杂。在一系列研究中，受试者被要求将单词重新造成句子。在"金钱"组，被造的句子与金钱有关，比如"她花钱很潇洒"，而在"非金钱"组，被造的句子与金钱无关，比如"她在草地上走"。那些"金钱"组的受试者更可能从商业角度去思考决策，而这更可能会让他们的行为有违伦理。[46]

其次，用金钱去激发员工的伦理行为或者预防非伦理行为的成本会快速增加。对企业而言，有一些性价比更高的方式可以向员工表明行为伦理的重要性。比如，当员工能清晰地理解做正确事情的内在价值（"他们的劳动成果"），他们就更有可能认为做正确的事情是很重要的。设想员工在处于自我损耗的状态下被要求奉献时间或金钱去做慈善事业，比如，想象这一要求是在当天晚些时候而不是早上提出的。亚当·格兰特已经证明，来自慈善活动受益人的表扬对员工很有激励效果，尤其是当员工处于自我损耗状态时，他们在那个时候尤其需要正能量和士气。[47]

再次，用金钱激励员工会改变员工对于为什么要遵守伦理或不违背伦理的看法。我们大多数人都知道伦理与非伦理行为的区别，而且绝大多数人都有内在动机去做伦理行为而不是非伦理行为。然而，如果员工本来就有内在动机去做的工作，现在受到了金钱的激励（外部激励），会出现什么情况呢？乍一看，这个问题的答案是很显然的：员工会对工作更加投入，毕竟，他们现在有了两种行为动机：内在的和外在的。

然而，由埃德·德西（Ed Deci）和他的同事们进行的数百项研究表明，这个答案是相当不准确的。事实上，当增加金钱这样的外在动机去激励员工做某件事时，这不会额外增加他们本来就有内在动机去做那件事的动力。[48] 相反，增加外在动机会导致人们改变对做某件事的理由的看法。根据"过度合理化效应"（the overjustification effect），人们不再相信"我做这件事的理由是出于它本身的价值"，而认为"我是因为金钱才做这件事的"。结果，之前本来由内在动机驱动的行为现在被外在动机驱动了。

最近，阿米·瑞斯尼斯基和巴里·施瓦茨（Barry Schwartz）列举了一个特别有说服力的"过度合理化效应"的例子。他们调查了超过 11 000 个刚考进西点军校学生的报考动机。所有学生都要对内在动机（比如，他们想要接受培训，最终成为军队将领）和外在动机（比如，能得到一份更好的工作，或者赚更多的钱）的重要性做出评估。研究人员尤其感兴趣的是，这些学生最初的动机是如何影响他们的行为和表现的，这可以由毕业率、他们毕业之后成为军官的概率，以及作为军官的工作表现来体现。让我们比较一下，那些认为自己内在和外在动机都很强的学生与那些认为自己内在动机很强但外在动机很弱的学生有什么差别。很有趣的是，那些内在动机很强但外在动机很弱的学生在所有方面都比那些内在和外在动机都很强的学生表现得更好。[49]

因此，尽管在某些方面花钱让员工做好事是有效的（特别是当他们处于自我损耗状态时），然而还是有更有力的理由表明，这不是最好的激励方式。尽管金钱能够抵消自我损耗感，并不意味着一定会如此，这要取决于人们对于金钱的看法。此外，花钱做好事的成本是相当高的，因此在经济上是不可持续的。考虑到"过度合理化效应"的存在，用金钱去激励数量庞大的处于自我损耗状态的员工，其效果是很差的，因为这些员工本来就有内在动机去做正确的事情。

关于抵消自我损耗的进一步探讨：少即是多

对管理者而言，提供恰当的动机能削弱员工的自我损耗与违背伦理倾向之间的关联。当管理者强调了行为伦理的重要性时，员工的行为通常不会被自我损耗影响。这一逻辑似乎表明，如果管理者想要让员工克服自我损耗效应，就必须采取措施。然而，考虑到自控力运用方面的特点，有时候管理者少做比多做更管用。运用自控力就像使用肌肉：用得越多，越容易累。像增强肌肉力量一样，运用自控力的能力会逐渐增强，只要我们可以让精力得到恢复。正如从繁重的体力劳动中抽身出来休息会让我们恢复体力一样，运用自控力也是这个道理。因此，在面对处于自我损耗状态的员工时，管理者有时能做的最好的事情就是创造一个环境，让他们运用自控力的精力得到恢复。正如下面例子所表明的，确保员工不连续从事繁重的工作是一种有效的办法。

几年前，我曾担任哥伦比亚商学院领导力培训项目的教务主任。那时，课程从早上 8 点 30 分开始，直到晚上 10 点 30 分结束，连续上三天。仅有的休息时间就是用餐以及上午和下午各一次的短暂茶歇。尽管学员们的学习投入度非常高，但我作为教务主任，还是决定第二天下午 5 点就结束当天的课程。一方面，考虑到学员缺乏与老师直接沟通的机会，我担心这种紧凑的学习节奏不会有很好的体验。另一方面，这种学习方式在很多方面超出了学员的接受度。比如，课程是用英语讲授的，但很多学员的母语不是英语。我认为，放慢教学节奏能让学员运用自控力的精力不被过度消耗，同时也让他们有时间恢复精力。事实上，提前结束第二天的课程，这一决定提升了所有学员的体验。他们不用学得如此辛苦，而能以更有效率的方式学习。随着精力的恢复，他们开始迫不及待地想听第三天上午的课程了。

"少即是多"与我们探讨的自我损耗效应对行为伦理的影响有何关系呢？一项最新的研究考察了睡眠充足与否对人们行为伦理的影响，而这能帮助我们理解前述问题。克里斯·巴恩斯（Chris Barnes）和他的同事要求员工报告，他们之前三个月每天睡多长时间，以及在此期间感觉自己的精力如何。他们的上司单独报告在这三个月中员工的行为伦理表现，比如，不争抢其他员工的功劳。员工睡得越多，他们感觉自我损耗越少，他们的上司越认为他们的行为合乎伦理。[50] 在时间允许的情况下，避免员工处于自我损耗状态的最好办法是，管理者什么都不做，给员工以空间，让他们自行休息和恢复，从而养成积蓄精力的习惯。

一个与此相关的结论也可以运用到变革管理过程中，我们在第 2 章探讨过这一问题。大多数公司的工作节奏都很快，这通常会让管理者和员工有种喘不过气来的感觉。当员工刚完成一项工作，上司又告诉他们，下一项工作要开始了。让员工应对变革，就其本质而言，需要他们运用自控力。他们必须克服自己长期以来形成的工作习惯，用不同的方式去工作。很少有人知道，永不停止的变化通常会导致员工筋疲力尽：在他们还没有时间从之前适应变革的过程中恢复过来时，又必须应对新的变革了。虽然"唯一不变的，就是变化"是真理，但"在不同的时点管理好不同类型的变化"也是真理。当工作环境不需要更多变革时，管理者应该刻意避免引入新的做法。通过少做（不引入新的做法），管理者其实就已经做了更多：允许员工自行恢复精力。事实上，即便环境要求引入变革，管理者也应该在采取行动的时候考虑行动节奏。其中一个考量因素就是，员工在当下是否有足够的精力去承担更艰巨的工作。[51]

1. **处理工作和决策的方式会影响员工的行为伦理**

   那些得到公正对待的员工，其行为会更合乎伦理，还会将这种公正态度回馈或传递给他人

2. **管理过程会影响员工的自我完整感，从而影响其行为伦理**

   管理过程越是能让员工感受到自尊感、身份感和掌控感，员工就越可能做出合乎伦理的行为

3. **定义自我的不同方式会影响员工的行为伦理**

   人们如何看待真实的自己

   人们是否积极评价自己

   人们是否认为对自己的行为及其结果具有掌控力

4. **使行为合乎伦理需要用到自控力，而自控力的代价是自我损耗**

5. **企业如何避免自我损耗对行为伦理的影响：**

   利用正面思维的力量

   利用动机的力量或者以毒攻毒

   少即是多，管理者什么都不做，给员工休息和恢复的空间

THE
PROCESS
MATTERS

第二部分

如何打造
高品质过程

05

做好过程管理

克服障碍是企业所有主体的共同责任：有些工作要由一个个
管理者来完成，而有些工作需要组织来完成。

截至目前，我希望你已经完全相信，管理过程相当重要。当过程很公正时，当变革过程符合第 2 章提出的原则时，当过程能让员工感受到自尊感、身份感和掌控感时，当过程不会导致自我损耗时，事情就会运转良好，比如，工作效率提高，员工士气高涨、品行端正。这一切都引发了一个问题：如果过程很重要，是什么让我们没能把它做好？并且，考虑到所面临的障碍，我们应该如何去解决？

正如温斯顿·丘吉尔意识到的，做好过程管理并不一定会产生很大的财务成本，而这一点正是让很多管理者感到困惑不解的地方。在日本偷袭珍珠港那一天，丘吉尔给日本天皇写了一封宣战书，以如下字句结尾："带着极大的尊敬，先生，我很荣幸成为你忠实的仆人。温斯顿·S. 丘吉尔。"他写了这封语气谦卑的信去向敌国宣战，这引发了英国人的强烈谴责。然而，丘吉尔回应说："当你不得不杀一个人时，礼貌待他并不会造成任何损失。"当然，确保高品质过程通常不是没有代价的。在本章中，我将探讨做好过程管理有哪些成本，以及如何减少这些成本。

提高员工的工作能力与工作意愿

高品质过程需要武装员工，让他们投入其中，从而愉快地、合乎伦理地把工作做好。武装员工是指工作能力，而投入其中是指工作动机，这是决定所有人类行为的两个核心要素。因此，我们有理由认为，管理者在确保高品质过程时将面临两个障碍：缺乏资源，缺乏意愿。缺乏资源，员工就不能将过程做得很好。缺乏意愿，员工就没有动机以正确的方式工作。缺乏资源和缺乏意愿是通过不同形式和理由体现出来的。

知识与能力

一项重要的资源就是知识。有时候，管理者可能只是不知道为什么过程很重要，如何做好过程，何时执行好过程。比如，他们可能会错误地相信，那些接受了裁员等"艰难决定"的员工之所以很不满，是因为决策结果令他们感到不满。然而，真实原因其实是由不令人满意的结果和不公正的过程两方面决定的。以凯西·希科克斯（Kaci Hickox）为例，这位来自缅因州的护士，在医治了埃博拉病人之后，于 2014 年 10 月从西非返回美国。希科克斯写给《达拉斯晨报》（*Dallas Morning News*）的信被刊发后，掀起了一股舆论风暴。她在信中抱怨自己被隔离检疫时受到了不公正对待。那时，人们指责她是个怨妇，是一个很自我的人。但在我看来，这是因为人们误解了她为什么会有抱怨。很多指责她的人相信她只是在抱怨结果：被隔离检疫。毕竟，他们有理由相信，希科克斯应该意识到自己对公众健康是有潜在威胁的，因此，尽管隔离的决定让她感到不满，却是合理的。然而，希科克斯不仅仅是在抱怨被隔离这一结果。相反，她觉得自己在被隔离的过程中受到了官员的不公正对待。根据《纽约时报》（*New*

York Times）2014 年 10 月 25 日的报道，希科克斯认为，隔离期间的过程管理在很多方面都是不公正的。她感到：

◎ 这一决定不是基于准确信息做出的；

◎ 为什么会做出这一决定，她没有得到清晰而充分的解释；

◎ 她没有受到尊重并被公正对待。

关于信息的准确性，希科克斯在多大程度上有发烧迹象是一个颇有争议的问题。对她前额的最早检测表明，她的体温达到了 101 华氏度①。但在稍后的检测中，她的体温只有 98 华氏度。一个医生告诉她："你没有发烧，只不过脸颊有些发红。"她还描述了她"被隔离了 7 小时……长时间独自一人待着，当她表示自己饿了时，只能吃营养麦片……没有任何人对她做出任何解释"。关于尊重和公正，希科克斯夫人告诉她的母亲，她感觉一只狗得到的待遇都比她更好。¹ 我敢打赌，如果隔离过程能更公正一些，也就是基于准确的信息和清晰的解释，给予她尊重和公正对待，她对隔离决定的反应会完全不同。她可能为这件事情不开心，但她本不必如此愤怒。

可以理解，管理者会误以为员工对决定不满是因为对决定所涉及的结果不满。在现实生活中，员工的确会同时受到糟糕过程和糟糕结果的影响。毕竟，如果员工对于结果和过程都不满，他们在执行过程中就会觉得受到了不公正对待。在任何情况下，只要管理者没有意识到员工的不满是因为结果和过程的共同作用，而不仅仅是对结果不满，他们就更可能继续以不公正的方式对待员工。

---

① 1 摄氏度等于 33.8 华氏度。——编者注

管理者对于过程的误解还来自一种善良而非自我保护的理由。过程很重要通常是一个不证自明的道理，甚至可以说是常识。但事实并非总是如此：我们在整本书中看到了很多案例，表明处理方式的细微差异能造成极大的影响。比如，谁能想到，让养老院的老人有权决定何时照看植物或何时看电影，就能对他们的生理和情绪造成积极影响？[2]谁能想到，额外花1小时让参加培训的员工确认自己的独特优势，并教他们如何发挥这些优势，就能在之后的6个月内提升客户服务满意度？[3]谁能料到，给非裔美国高中学生机会，让他们在学年刚开始的时候做一个简短的自我认同练习，就能在几个月甚至几年之内对他们的成绩产生积极影响？[4]谁能知道，一天中的不同时间段也能影响做决策时的道德感？[5]简而言之，有时候，知识的欠缺会妨碍高品质过程的实现。

即便知道过程的重要性，也不一定能确保过程会得到很好的处理。管理者还必须拥有执行高品质过程的技能，比如，在令人难堪的氛围下有能力保持平和的心境。安迪·莫林斯基（Andy Molinsky）和约书亚·马格里斯（Joshua Margolis）认为，当管理者不得不让员工感到不满意时（"必要的恶"），他们在过程管理方面通常会把事情搞砸。[6]需要注意这样一种悖论：正如第1章所探讨的，当结果不令人满意时，过程的品质对员工的工作效率和士气有着尤为巨大的影响。[7]然而，正是在结果不令人满意时，管理者常常会很快想出如何执行决策，其中一部分原因在于，他们不具备与自己和他人沟通以更好地解决这种困难的技能。

正如莫林斯基和马格里斯在一项研究中所做的，假设管理者面对一项艰难的任务：他们要裁掉一些员工。对即将失去工作的员工来说，这是一段极为艰难的时期。可以理解，他们会感到愤怒、焦虑和伤心。对管理者来说，这也是情绪上极有压力的时期，他们必须告知员工这一坏消息。正如一个管理者所说：

> 内心是很不安的，你会感到很紧张。有时，还会有恶心或头痛的反应。你常常会做噩梦，这些梦与裁员无关，而是来自压力。有时压力达到了这样一种程度，几乎让你不得不退一步想，然后说："我必须冷静下来，不能让人看出，宣布这一决定让我感到紧张。"

另一个管理者是这样描述的：

> 如果我想哭，是因为这事对我的困扰与对员工的困扰是一样的，那么我一定要想办法不哭出来。但情绪是真实的啊，我不得不将这个消息告诉员工，我能感受到，这件事让我很不开心，也很伤心。[8]

管理者可能也会对裁员感到愤怒，比如，他们觉得自己没得到企业的尊重，他们的好友被裁掉了，或者在宣布裁员消息时，他们受到了被裁员工的谴责和羞辱。此外，他们还可能感到内疚，要么是因为他们认为自己要对裁员负责，要么是因为他们认为自己幸存下来，而其他员工被裁是不对的（"幸存者内疚"）。这样的管理者时常需要应对自己的消极情绪，以便管理好过程，包括坦率地宣布裁员决定，但又为被裁员工保留颜面。管理者必须诚实对待这个问题，态度既不能太软弱，也不能太强硬。然而，事实上这两种态度都很常见。如果被裁员工表现出伤心或焦虑的状态，管理者可能会怀着好意去试图让员工感到好受一些，但这是一种短视的做法。如果被裁员工猛烈抨击和谴责管理者，后者可能也会用愤怒去回应员工。因此，用太软弱或太强硬的方式宣布裁员消息都是对被裁员工的一种不尊重。

由于管理者向被裁员工宣布决定时双方都不会好受，因此不难理解，宣布消息通常是一项很困难的工作。[9]然而，除了承受消极情绪，增加管理者心理负担的还有这样一种感受：内心太煎熬，必须要压制情绪。回想一下前面的引述，一个管理者说："我必须冷静下来，不能让人看出，宣布这一决定让我感到紧张。"另一个管理者说："如果我想哭，是因为这事对我的困扰与对员工的困扰是一样的，那么我一定要想办法不哭出来。"宣布坏消息的糟糕情绪会让管理者产生自我损耗，毕竟，掩饰强烈的消极情绪需要运用自控力。

前面章节阐述了自我损耗会如何影响决策者做出违背伦理的行为，而最近的研究显示，自我损耗还会影响与员工就坏消息进行沟通的效果。达夫·怀特赛德（Dave Whiteside）和洛里·巴克利（Laurie Barclay）让受试者扮演管理者的角色，向他的员工吉姆宣布一个坏消息，该消息要么是关于他即将被裁掉，要么是关于他较差的业绩表现。在宣布消息之前，研究人员让一组受试者做出自我损耗更大的行为，比如，在一项研究中，每个人都观看了一段视频，内容是一个妇女就工作问题接受采访，但视频没有声音。受试者被告知，这么做是因为研究人员想知道人们是如何基于肢体语言对一个人进行评价的。一些日常用语偶尔会出现在屏幕下方。为了产生自我损耗感，受试者被要求违背自己的天性：他们被告知，只要字幕出现，就要忽视它们，将注意力放在被采访对象身上。而另一组受试者没有被这样要求，显然，他们的自我损耗感更弱。之后，受试者将录制一段坏消息，发送给消息的接受方。观看了视频但没有被要求运用自控力的受试者在宣布坏消息时会显示出尊重对方的态度，比如，在向吉姆宣布他将被裁掉时，该组中的受试者可能会说：

企业的糟糕表现迫使我们做出一些很艰难的决定。为了让过程尽可能公正，我们用了一系列标准来决定哪些员工会被裁掉：部门表现、员工资历和员工表现。你是刚进来的员工，尽管你的表现一直在提高，但仍低于部门平均水平。因此，我们将在7月1日解雇你。当我不得不告诉你这个消息时，你不知道我有多为你感到遗憾。我们真的很感激你对企业的贡献，我们将为你提供寻找新工作的帮助以及两个月的补偿金，希望能缓解你和你家庭的压力。我再次真诚地向你表示歉意，吉姆。如果有需要帮助之处，请一定告诉我。

　　那些在观看视频过程中运用了自控力的受试者，所写的文字则没有给人以太明显的尊重。比如，他们中的一人草率地写道：

　　吉姆，由于销售业绩大幅下滑，公司做出了削减成本的决定，包括裁掉一定比例的员工。很遗憾的是，在本部门中，你是被裁掉的人之一，离职日期是7月1日。你将获得寻找新工作的帮助和两个月的补偿金。我很抱歉告诉你这一消息，祝你一切都好。

　　注意，这两段话的实质内容是一样的。离职日期一样，都会给吉姆提供寻找新工作的帮助，还会给予离职补偿金。然而，第一则消息考虑更周到，语气更具同情心，比第二则在更大程度上照顾到吉姆的颜面。[10]

　　另一项研究显示，自我损耗会导致失礼的行为，而这种行为可能发生在机场乘客身上，而不是管理者身上。如果你最近有过乘机经历，让你情绪不佳的遭遇可能不会少，比如，安检过程进度很慢、机票超售、候机厅乘客爆满、航班延误，等等。这就像一次大型的自控力训练，我们大多数人都有过类似的经历。应对这些问题时，我们还是有种自我损耗的感觉。卡迪·德塞勒斯和她的同事考察了乘客在候机厅的行为，发现那些经历了上述糟糕体验的乘客更容易对乘务人员失礼。比如，他们更容易大声喧哗，把拳头打在柜台上，对乘务员怒目相向，或者咒骂不给自己换座位或升舱的客服人员。有这样一个例子，一个乘客喝了很大一瓶水，他忘了自己的手机放在候机室，想返回去拿，这时他被告知，飞机即将起飞，不会给他时间回去拿手机，于是，他愤然把瓶子扔在了客服人员旁边。在另一个例子中，一对年轻夫妇错过了登上前往海外的班机，他们大吵大闹，以致客服人员呼叫机场警察求助。还有很多时候，乘客为了赶时间，会攻击拉起绳索以维护排队秩序的工作人员。正因如此，现在只要出现类似情况，工作人员可以临时为乘客打开绳索。

当然，对于这些研究成果的一种解释是，有些人天生就容易发火。我们怎么知道自我损耗在其中扮演了"飞行愤怒"的角色呢？在接下来的研究中，受试者被要求想象他们在机场遇到了一件很烦人的事情，比如，成为机票超售的受害者。在此之前，有一组受试者被要求写一篇记录日常生活的文章，但不能用字母 A 和 N，从而引导他们处于自我损耗状态。另一组受试者被要求写同样类型的文章，但条件要宽松很多，不能用字母 X 和 Y。然后，每个人都要说出自己的愤怒程度，以及他们无礼对待客服人员的可能性，比如，怒目相向，大声与客服人员说话，以及责怪客服人员不能解决其解决不了的问题。毫不奇怪，那些因机票超售而感到更愤怒的受试者认为，他们更有可能做出无礼行为。然而，这一结果尤其适用于那些在写文章时运用了自控力的受试者。换句话说，不仅仅是愤怒导致了无礼行为，当人们处于愤怒状态，同时耗尽了控制愤怒的精力时，他们更容易做出无礼行为。[11]

意愿与动机

意识到过程很重要以及要有必需的管理技能，还不能确保过程被处理得很好。另一个重要的因素是意愿或动机。出于各种原因，管理者也许不愿意实现高品质过程。首先，实现高品质过程所需的行为可能会产生意想不到的不受欢迎的结果。我们把这一状况称为"意外副作用"（unwanted side effects）。此外，企业生存的现实状况会激发其他一些动机，而这些动机与追求高品质过程的意愿相冲突，我们称其为"竞争性动机"（competing interests）。

意外副作用

过程公正有很多好处，但它也会产生成本。让我们考虑一下公正过程的两个主要因素：参与和解释。管理者可能出于害怕失去权力或者显得自己无能等原因，不愿意让他人参与决策，或者不愿意向他人解释为什么要做出某个决定。当管理者以零和博弈的视角看待权力时，让他人参与决策或者向他人解释决策理由就会让他们感到不舒服。他们越是允许员工参与决策，越会觉得自己手中的权力减少了。解释意味着传授知识，会让那些接受知识的员工具有更强的能力，因此，零和博弈思维的管理者不太愿意为决策做出解释。比如，法律顾问通常建议计划裁员的企业尽可能少地提供与裁员有关的解释和信息，因为他们说的任何一句话都有可能被员工用来起诉企业非法裁员。讽刺的是，比起披露更多的信息和更开放的姿态，封锁信息可能会在事实上引发更多的愤怒和法律行动。

尽管如此，管理者认为让员工参与决策或者向员工做出解释会削弱他们的权力，这一想法并非完全错误。纳奥米·罗斯曼（Naomi Rothman）、巴蒂亚·维森菲尔德及其同事最近做了一项研究，让受试者对投行的一个管理者进行评价。这个管理者名叫约翰，他能决定如何分配奖金。据受试者称，在一半的时间里约翰让员工参与了决策，"他很主动地从下属那里获取信息，而不是独自做出决定，这些信息与下属以及其他同事过去一年的工作表现有关"。而另一半时间里约翰没有让员工参与决策，"他完全是独自做出决定，没有从下属那里获取过去一年工作表现的相关信息"。当约翰没让员工参与决策时，员工认为他的权力更大，比如，他被认为对员工和资源拥有更大的掌控权。[12]

在第二项研究中，罗斯曼、维森菲尔德及其同事让受试者对决策者进行评价，决策者不同程度地对受试者做出了与决策相关的解释。首先，受试者看到了有两个受试者碰面的情景，这两个受试者参加了之前的研究，其中一个还是决策者，决定如何分配奖金。接受奖金分配决定的那个员工认为他得到的份额太少了，于是说道："我有一个问题，为什么我只得到这么一点奖金？"决策者用两种方式中的一种来回应这个员工。在一半的时间里他以积极的语气提供了解释："很抱歉，让我想想我能否向你做出解释。实际上，你得到的奖金没有低于平均水平。但奖金总额只有这么多，我真的很抱歉！我希望有更多的时间向你解释，但我还要做另一项研究，已经要迟到了。"另一半时间里，决策者没有提供解释，采用了防御策略，说道："这有什么大不了的？我不会向你做出解释。"在观察了碰面的两个受试者之后，其他受试者就那个决策者拥有多少权力进行评价。相比提供了解释，没有提供解释的时候，他被认为拥有更大的权力。[13]

这些研究得出的一个结论是，为了维持自身的权力形象，管理者倾向于不让员工参与决策，也不向员工提供解释。虽然让员工参与决策、向员工提供解释的管理者不如没有这么做的管理者权力大，但我相信，出于两方面的原因，我们需要重新思考这一观念：管理者让员工参与决策、向员工提供解释会削弱他们的权力。首先，研究已经令人信服地证明，参与和解释能够提升员工对上司及其所做决策的支持度。[14]如果增强员工参与感、向员工提供解释能让管理者获得员工的支持，那么管理者的权力基础不但没有被削弱，反而能得到巩固。

其次，即便管理者很在意员工是否认为自己愿意让他们参与决策、向他们提供解释，但如果管理者不这么做，他们将面临很大的声望风险。罗斯曼、维森菲尔德及其同事让受试者不仅评价管理者的权力，还评价他们的地位。权力和地位是相关的，但不是一回事。权力是指控制有价值资源的能力，而地位是指一个人在他人眼中受尊重或有声望的程度。

尽管允许员工参与决策、向员工提供解释的管理者被认为权力更小，但他们被认为地位更高。[15]因此，如果管理者因为担心让员工参与决策、向员工提供解释会让自己显得很弱势，那么往好了说，他们是被表象误导了，往坏了说，他们对这事完全理解错了。他们被误导之处在于，让员工参与决策、向员工提供解释实际上提高了员工对他们的支持度，从而让他们有了更大的权力。他们理解错误之处在于，获得更高的地位只会让他们的权力变得更大，而不是更小。

竞争性动机

企业生存的现实状况会激发管理者的其他欲望，而这些欲望可能会与执行高品质过程的意愿相冲突。其中一种竞争性动机是我最近亲眼见证的，我将在下面提到这个例子。

杰是一家中型银行的副主席，他的直接下属苏珊向他建议，改进公司向客户呈现财务报告的方式。杰把苏珊的建议完全视为一个工作上的问题，因此没有反对这个建议。然而，杰知道，如果采纳苏珊的建议，就会让戴维犯难，而戴维是负责财务报告流程的人。杰提议与苏珊和戴维碰个面，一起讨论这种新的工作方式。苏珊同意与杰和戴维开会，但她坚持认为，有一个话题在会上不能被提及：工作方式的改变可能会让戴维感到不舒服。用她的话说，这是一个"工作决定"，因此，如果要顾及它所导致的当事人的情绪影响，就是一件很不专业的事情。

企业为生存而战。考虑到商业经营的目的，企业的经济目标会导致过分强调诸如理性、效能和业绩指标等行为动机。安迪·莫林斯基、亚当·格兰特和约书亚·马格里斯最近所做的一项研究显示，当经济思维占据支配地位的时候，决策者就不太可能以尊重和体面的方式来对待受决策影响的当事人。换句话说，当管理者只用经济的视角来看待商业世界时，他们就不会太关注人际间的情感纽带。在一项研究中，受试者必须公布一则消息：由于学校的财务状况很糟糕，学校要减少奖学金，而这笔奖学金本来要授予在写作方面为学校争得荣誉的学生。在向当事人公布这一坏消息之前，所有受试者要完成一项讲故事的任务。其中一半受试者要讲的故事中含有"经济理性、逻辑、财务责任、有效、利润、自利、成本收益分析、效率和专业"等词语，从而引导他们形成经济思维。另一半受试者则没有被经济思维引导，他们的故事含有"书、汽车、椅子、电脑、桌子、笔、街道、桌子和垃圾桶"等词语。

那些被引导具有经济思维的受试者在公布坏消息时几乎没有显示出同情心。比如，他们中的一人只是说道："我很遗憾地告诉大家，我们不得不从你们的奖学金中削减 3 000 美元。由于财政紧张，我们只能为学生提供更少的奖学金。"相反，那些不用经济思维思考问题的受试者则展现出更大的同情心。正如其中一个人所写的："关于你们的奖学金，我很想说几句心里话。遗憾的是，我们的资金很紧张，因此奖学金也减少了。我知道这会让你们感到很难过，也许还意味着你们会做出另外一些决定，你们可以随时咨询相关问题，财务部将会尽最大努力帮助你们找到获取奖学金的其他办法。我对这件事的发生感到遗憾，但金融市场很不景气，我们确实无法持续承担之前那种水平的资助。再次表达我的歉意，如果你们想寻求帮助，请随时来找我们。"[16]

为什么具有经济思维的人同情心更少？通过询问受试者一些额外的问题，研究人员确认了两个原因。一个原因与受试者的情绪体验有关，而另一个原因反映了他们对同情心的表达方式。首先，具有经济思维的人比不具有经济思维的人同情心更少。其次，就像前文苏珊的故事所显示的，相比于经济思维程度更低的人，苏珊们更容易认为在工作中考虑情绪因素是很不专业的行为。[17]经济动机弥漫于整个工作场所。不幸的是，这使人们忽略了其他行为意愿的重要性，比如，不要显得不专业，不要顾及同情心。然而，具备同情心正是保证高品质过程的重要因素。

不过，经济动机并非阻碍管理者执行高品质过程的唯一因素，心理动机也是其中之一。高品质过程内涵很丰富，其核心特征在于，管理者必须以他人为中心，而不是以自我为中心。当以他人为中心时，他们就会优先考虑如何才能让员工有效地开展工作。从行为上来讲，以他人为中心的管理者会缩短他们与员工之间的心理距离。这使得他们更有亲和力，更愿意倾听他人的心声，不仅能对他人表达同情，还能为他人指明方向。然而，企业生存的本性决定了，管理者会更多地以自我为中心，而这会导致牺牲过程的品质。[18]

我可以举个例子。几年前，一家通信企业做出了公司历史上第一次裁员，随后我被邀请去给他们的高管做演讲。对这家企业而言，这是非常重要的时期，因为在此之前该公司一直以人性化的公司文化著称。裁员绝对是一个重磅炸弹。我与幸存下来的管理者做了沟通，他们都处于极大的情绪压力之中。他们对公司违背人性化的做法感到愤怒，也为自己没能做得更好从而避免这次裁员发生感到自责，他们担心什么时候会轮到自己被裁掉。如果说有什么时机是最好的时机，能够为下属提供宽慰，这就是最好的时机了。遗憾的是，情况正好相反。裁员导致的情绪压力让他们陷入了自我保护模式。裁员导致的公司文化的改变不仅深深影响了管理者，还影响了管理者的直接下属。换句话说，他们不仅没有成为变革的推动主体，还与其他员工一样，成了变革的接受方。于是，管理者的动机就变成了保护自己胜过宽慰自己的下属，而这与处理裁员事件的良好方式背道而驰。

这个故事还有另一个重要部分。我演讲那天，周围的听众都很难过。老实说，我完全能体会到他们的痛苦，因为情绪是可以传染的。研究已经表明，身边沮丧的人会让他人感到沮丧，身边焦虑的人会让他人产生焦虑。[19] 一如往常，身边围绕了这么多心情复杂的人，让我也感到心情很复杂。很快我就了解到，他们不想面对员工。由于情绪是有传染力的，我必须承认自己也不想面对这群管理者，但那只是一念之想，我更多地还是很同情他们的遭遇，这让我愿意与他们一起体会复杂的情绪。我们花了很长时间探讨如何能相互帮助，以及帮助直接下属适应裁员后的企业环境。

总而言之，高品质变革过程的一个重要因素是以他人为中心。尤其是当面临艰难抉择和消极情绪很强烈的时候，管理者想立即进入自我保护模式的做法是完全可以理解的。令管理者想要回避员工的可能是他们自身的消极情绪，比如愤怒、焦虑和自责，也有可能因为被裁的员工是他们不想打交道的员工。如果他们采取回避的态度，就不太可能与员工沟通，也就不可能实现高品质过程。

时间紧，任务重。企业生存的另一个现实是，时间是宝贵的财富，尤其在变革期间。在第 2 章，我们探讨了良好的变革管理过程包含哪些因素，可以体现为如下框架：

$$变革 = (D \times V \times P) > C$$

D 是指对当前状态表面上的不满，V 是指为将来的状态提供愿景，P是指从当前状态通往未来状态的过程，C 是指减少变革的成本。我在全球各地给很多高管展示了"DVP"框架。大多数人都认同这个框架。他们知道，如果想让员工参与而不是抵制变革，就需要以正确的方式执行变革。然后，我问了他们一个简单的问题：为什么这个框架说来容易做来难？对于这个问题，有很多种答案，但我听到最多的一个答案是："我们没有那么多时间"。他们说得没错，这个框架需要管理者完成很多工作，所有的要素都必须满足，不能有任何一块短板。因此，他们的想法是对的，他们没有足够的时间。

我多么希望自己有一根魔法棒，能让那些引入变革的管理者拥有更多的时间，但这是不可能的。然而，仍有一些办法可以让管理者在有限的时间内做得更好。首先，尽管一个良好的变革管理过程包含很多要素，但每个管理者并不需要花太多时间来处理好每一个要素。我对变革管理者的建议是，围绕这个框架组织各种资源，然后将这些要素各个击破。其次，可能也是更重要的一点，引入变革的管理者需要重新考虑如何理解时间。他们很容易说："我们现在没有时间做'DVP'，也许晚些时候会做。当前，我们必须要完成变革，无论采取什么方式。"

这种思维方式是错误的，原因有二。首先，如果变革过程不能在当前就处理好，那么未来也不太可能有更多的时间。其次，如果变革执行者没有在一开始就处理好过程，很可能会在之后遇到更大的麻烦，他们将不得不解决一系列棘手的问题：

◎ 变革没有取得成功，因此没有带来预想的效果；

◎ 不得不向员工做出解释，并纠正他们之前的错误做法。

此外，没能在初期做好过程管理的变革执行者，接下来还有充足的时间以正确的方式继续推进变革吗？很可能没有。对于那些认为没时间从一开始就做好过程管理的管理者，我想说的是，问题不在于是当前付出代价，还是今后付出代价，而是如果当前不付出代价，今后将会付出更大的代价。在处理好变革过程这个问题上，"预防疾病"的成本远小于"医治疾病"的成本。

管理者与企业共担责任

当我们谈到执行高品质过程的障碍时，实际上就是在更好地理解为什么知易行难。正如我们所知，障碍会有各种各样的形式。有时，管理者只是不知道过程的确很重要，或者它究竟有多重要。有时，管理者缺乏处理好过程的技能，那些规划和执行决策的人不一定有良好的人际交往或自我管理能力。有时，管理者只是缺乏意愿，而非缺乏技能。尽管知道了有哪些障碍，但我们还得探讨如何才能克服这些障碍，提高做好过程管理的可能性。克服障碍是企业所有主体的共同责任：有些工作要由一个个管理者来完成，而有些工作需要组织来完成。

管理者个人的责任

大多数管理者在大多数时候都知道过程很重要，至少它是一项重要的管理原则。尽管如此，在具体的情况下，他们依然很难意识到这一点，尤其是在不得不决定如何处理手上的工作时。为什么？管理者面临的重要挑战之一在于，做好过程管理需要他们控制自己的消极情绪。之所以会有消极情绪，一部分原因是，管理工作的性质决定了管理者需要经常做一些困难的决策，而这些决策并不会得到接受方的认可。管理者会因此而感到愤怒、焦虑、自责，还会发现，自己成了不理解这些决策之人的发泄对象。当管理者不得不告诉员工他们被裁掉时，这一点表现得尤其明显。然而，即便是在情绪不那么强烈的情况下，比如企业变革不涉及裁员，这种变化仍有可能意味着员工失去自己一直从事的工作的某些方面。在执行变革的过程中，让管理者感到更棘手的是，他们不能表现出自己肩负的压力，而这需要很强的自控力。

简而言之，管理者的确要面对很大的情绪压力。如果这些压力得不到缓解，做好过程管理的可能性就会大大降低，比如，管理者会更少地用一种坦诚而尊重的方式与员工沟通变革的初衷。于是，当需要得到员工的支持时，他们可能会选择逃避，进入自我保护模式。[20] 或者他们担心管理好过程会产生副作用，比如，如果他们让员工参与决策，或者向员工解释为什么要做这样的决定，就会显得自己很弱势。[21]

然而，研究显示，员工并不一定会被工作环境中的消极情绪压垮。有些员工能够控制自己的消极情绪，从而具有良好的工作态度。最近的一项研究考察了员工控制消极情绪的能力如何让他们应对不和谐的工作氛围，因为他们的管理者做出了不公正的决策。正如之前所讨论的，感受到过程不公正的员工通常也会做出不良的行为。他们可能会采取报复措施，比如盗取企业财物。或者他们会处于消极状态，无法在工作中拿出良好的表现。然而，如果报复或逃避是不可能做到的，或者并不符合员工的最佳利益，又会发生什么呢？员工可以做些什么来应对艰难的工作环境呢？

这是我和马里厄斯·范迪克（Marius Van Dijke）、尼尔斯·范夸克贝克（Niels Van Quaquebeke）在对荷兰员工进行的跨行业研究中想要回答的问题。受试者需要评价过程的公正性，而这些决策过程会影响他们关心的薪水和职业发展机会等利益。比如，他们会被问到下面这类问题："在决策过程中，你在多大程度上能表达自己的看法和感受？"或者："这些决策过程在多大程度上采用了同样的方式？"然后让受试者的同事们单独评价受试者的工作表现，比如，他们在多大程度上愿意做更多的工作。

毫不奇怪，很多认为企业决策过程不公正的员工都在工作中表现不佳。然而，情况并非总是如此。这取决于面对不公正过程的员工如何控制自己的消极情绪。那些能有效控制情绪的员工会表现得更好，即使他们也遭遇了不公正。[22]控制消极情绪的一种方式是回想能够给自己带来良好情绪的场景，从而减轻自己的情绪压力。比如，员工的工作表现曾经得到过上司的肯定，没有给上司留下不好的印象，他们就应该将这种肯定视作一种积极反馈，从而进一步提升自己的工作表现，以达到企业对他们的期待。这一例子表明，"情绪重估"（emotional reappraisal）可以作为一种缓冲手段，使员工能够接受相对不公正的决策过程，不觉得那是对自己的不尊重。比如，员工可能会认为，"是的，我的上司没有做到公正，但这是因为他处于压力之中"，或者"这一决策过程并非完全不公正，因为我的上司对每个人都采用这种行为方式"。

上述研究提到的测试"情绪重估"的方法是由斯坦福大学的心理学家詹姆斯·格罗斯（James Gross）提出的。你可以在第 6 章的工具 H 中看到相关内容的概述，比如"当我想要减少消极情绪时，我会改变自己的思维方式"，或者"当我面对有压力的环境时，我会用某种思维方式帮助自己保持冷静"。[23] 安迪·莫林斯基和约书亚·马格里斯提供了一些具体的案例，在这些案例中，他们研究了在面对艰难任务时（比如告诉员工他们将被裁掉），管理者的表现如何。表 5-1 总结的案例是一些管理者采用的有效方法，比如自我辩护、隔离情绪、释放情绪和转移注意力。[24]

表 5-1　　　　　　　　　　管理者在宣布坏消息时的情绪控制策略

策略	定义	阐述
自我辩护	为自己的行为提供有说服力的辩护，从而减轻罪恶感和个人压力。	"我正在留意招聘市场，目前需求旺盛。阿帕雷公司（Apparel Inc.）的许多员工都很年轻，公司能提供大量就业机会。甚至再就业的员工也告诉我们，阿帕雷公司的员工是很优秀的。他们会让我们对裁员这件事更好受一些。"
隔离情绪	让自己摆脱消极情绪，以便传达坏消息。	"我发现将个人情绪搁置一边是不难做到的。我会在事情发生之前或之后处理好我的消极情绪，但在会议期间，我是在完成工作，我需要专注于自己的表现，把工作做好。"
释放情绪	深呼吸或放松，为艰难的沟通做准备，或者在艰难的沟通之后恢复情绪。	"苦中有伴，如果你认为其他人也在经历跟你一样的痛苦，那就直接说出来，把对整个过程的感受说出来会让你如释重负。"
转移注意力	专注于某事而不是自己的沮丧情绪，或者受到影响的员工的情绪，这样便于有效传达负面消息。	"如果没有发言稿或者没打腹稿，我想我绝对会语无伦次，因为当你处于焦虑状态时，这种焦虑会让脑子短路，然后忘了你想说什么。"

资料来源：A.L. 莫林斯基和 J.D. 马格里斯（2006），"The Emotional Tightrope of Downsizing: Hidden Challenges for Leaders and Their Organizations"，选自 *Organizational Dynamics* 35:154，经爱思唯尔授权摘录。

尽管有些差异，但四种方法都要求管理者做到平衡。比如，自我辩护能让管理者降低自责感，但如果他们为自己的辩护做得太过，就会把所有责任推到受害者身上。隔离情绪或转移注意力能让管理者专注于宣布消息这一任务，但也存在一定风险，会给人留下冷漠无情和不关心他人的印象。释放情绪是一个好办法，只要它发生在事前或事后，而不是宣布坏消息的时候。尽管控制消极情绪颇有挑战性，要做到这一点仍是有可能的。在向员工宣布坏消息的过程中，管理者越能控制由此带来的不可避免的消极情绪，就越能让员工做出积极而非消极的回应。

企业的责任

有些管理者靠自己就能克服障碍，执行高品质过程，但这只是问题的一个方面。另一方面在于，企业能做些什么来帮助管理者克服障碍。有些企业会提供培训。研究显示，让管理者学会如何公正地规划和执行决策，对他们和其直接下属都能产生积极影响。在一项研究中，参与过培训的管理者让自己的行为变得更公正了，比如，他们更有可能让下属参与决策，为决策提供解释，更尊重员工。[25] 当然，一个重要的问题在于，参加这种培训是否能带来持久的效果。在同一项研究中，参加了过程管理培训的受试者对于自己做到行为公正的能力更有信心，这预示着，在培训结束后他们将会持续做到行为公正。

同样重要的是，参加过培训的管理者的直接下属也会受到积极影响。比如，下属更有可能做超出职责范围的工作，而研究表明，这反映出上司公正地对待了他们。[26] 在另一项研究中，参与过程管理培训能让下属在面对坏消息（比如削减薪水）时，情绪上的压力更小。在这项研究中，作为削减成本行动的一部分，一家医院改变了员工获取薪酬的方式。医院不再以小时为单位支付护士加班费，而是按人人相同的工作时长支付薪水。这一薪酬结构上的变化让护士的薪酬降低了10%。在降薪之前，有些护士的主管参加了过程管理培训项目，而另一些主管没有参加。比起没有参加培训的主管所管辖的护士，那些参加过培训的主管所管辖的护士出现失眠的情况要少得多。换句话说，没有参加培训的主管管辖的护士不仅薪水减少了，睡眠也减少了。[27]

关于过程管理培训项目，还有两个方面需要注意，它们都属于本书很重要的主题。首先，培训项目的内容必须能让管理者很好地理解和掌握。管理者接受的培训内容通常与日常行为有关，却容易忽略与剧烈变革有关的行为内容。这些内容包括以尊重的态度和体面的方式对待他人，给予他人情绪上的支持，让自己在员工面前更具亲和力，为降薪提供清晰而合理的解释。其次，培训项目的成本从时间和金钱上来讲虽然不低，但也不算很高。整个培训时长8小时，每4小时为一个阶段，在两天时间内完成。需要再次强调的是，已有证据表明，做好过程管理并没有那么复杂，也不需要付出很大的成本，效果却是非常显著的。

无论是以培训方式还是以其他方式来帮助管理者，对企业而言尤为关键的是，要在制定和执行决策的过程中帮助管理者控制消极情绪。企业可以采用三种方法来扮演一个积极角色：

◎ 让管理者知道，在工作中很可能会产生消极情绪；

◎ 让消极情绪和如何控制消极情绪成为一个常规的探讨议题；

◎ 帮助管理者重新评价导致消极情绪产生的事件的意义。

事先要对困境有所预期

因为执行高品质过程知易行难，企业应该与管理者充分沟通，使其对即将遇到的困难有所准备。管理者能够提前预期可能面临的困境，是处理困境的第一步。相比出人意料地遇到困境，当我们预期将面临困境时，情绪会更稳定。这就是为什么接受手术的病人要被事先告知，手术可能面临哪些后果。

同样的道理也适用于为什么企业要事先让待录用员工知晓，他们对工作应该抱有怎样的切合实际的预期。很多时候，企业不会让员工知晓这一点。为了给待录用员工留下好印象，他们会竭力展示企业最好的一面。尽管这么做会吸引新员工进入公司，但它降低了公司最终留住员工的可能性。当工作的真实情况与员工的预期相差甚远时，幻灭感及随之而来的过早离职就更有可能发生。降低员工早期流失率的一种办法是，向待录用员工提供"实际工作预览"（Realistic Job Preview），使他们不仅了解工作好的一面，还了解其不好的一面。[28] 让员工知道真实情况，能帮助他们适应工作中难免会遇到的负面状况。

同样的道理也适用于企业应事先告知管理者，在执行高品质过程中将遇到哪些障碍。当管理者试图做到过程公正，或者试图执行变革管理原则时（第 2 章所探讨的内容），走一遍类似"实际工作预览"的流程可以帮助他们更好地适应将要面临的困难。"实际工作预览"的一个关键部分是提前告知员工工作过程可能会对情绪产生负面影响。如果管理者没做好心理准备，突然遇到困难，他们就更容易进入自我保护状态。比如，莫林斯基和马格里斯研究了一家做出裁员决定的企业，一个人力资源经理参加了一场会议，在会上要宣布一个员工将被企业裁掉。同时参会的还有这个员工的上司，是一个直率而又富有经验的部门领导，他认为在向下属宣布裁员决定这件事上自己可以做得很漂亮。"我能搞定"，他很有信心地对人力资源经理说。然而，当会议正式开始，这位领导就被痛苦的情绪击垮了，这种情绪既来自他的自责感，又来自对员工的同情。人力资源经理只好从他那里接过这项任务。[29] 正如做了"实际工作预览"的员工早期离职率会比没做这项工作的员工更低，那些做了"实际工作预览"的管理者进入自我保护状态的可能性也更低。他们会将注意力放在他人的需求上，从而将过程处理得更好。

消极情绪需要公开讨论

感受到消极情绪是处理好过程的一个潜在障碍。进一步的心理负担在于，管理者认为他们体验到的消极情绪不会得到开诚布公的讨论。探讨消极情绪通常是一个很忌讳的话题。这种消极情绪不仅能被管理者感受到，还能让他们心力交瘁，一部分原因是他们认为自己必须要像什么都没发生一样开展工作。毕竟，他们不希望被别人说"不专业"。然而，如果可以公开谈论消极情绪，情况又会如何呢？消极情绪可能不会消失，但会更可控，从而更有利于管理者执行高品质过程。

几年前，我亲眼见证了这一做法的效果。我曾与一家公司的首席执行官共事，他不得不做出关闭工厂的艰难决定。这家工厂生产的产品多年来一直是公司的核心象征，但如今情况发生了变化，利润一直在下滑。首席执行官做了很好的解释工作，告诉员工为什么要关闭工厂。但他并没有停留于此。他以最真诚的态度告诉团队，在做这一决定的过程中，他非常痛苦，内心挣扎，他还告诉团队，在最后那一天，他坚信从长期来看这是一个正确的决定。通过这一过程，他让体验和表达痛苦情绪成了可以公开谈论的话题，而这一做法受到了中层管理者的极大欢迎，因为他们在执行关闭工厂的具体工作中也会经历与首席执行官类似的艰难心境。在第 2 章中，我们探讨了一个管理良好的变革过程需要有高管作为榜样人物，从而引领变革所需的新的行为方式。这样的高管不仅仅是新的行为方式的榜样人物，还公开表达自己在做决策过程中体验到的消极情绪和内心冲突，同时也向团队传递了这样一种价值观：企业的决策必须符合长期的最佳利益。

首席执行官下面的团队需要执行关闭工厂的具体任务。但由于首席执行官已经花时间表达了在此过程中所有人都会经历的困难，团队反而能够以尊重和友善的态度去对待受到工厂关闭影响的员工。首席执行官如此真诚的鼓舞使团队成员也开始相互倾诉自己体验到的内心波动，这让成员们的情绪更加可控。从某种意义上讲，首席执行官的做法表明，不让消极情绪成为团队公开讨论的话题反而是不专业的行为。

重新评估消极情绪

我们对于个人管理者能做什么的讨论表明，那些重新看待负面事件的管理者仍会认同企业的价值观（参见工具 H 关于重新评价的一般描述，以及表 5-1 中的具体案例）。尽管管理者个人可以进行重新评估，但对于表 5-1 中所描述的每个案例，企业也可以效仿，用以帮助管理者。比如，对于所谓的辩护策略，如果就某件事上司能给管理者一个清晰而可靠的解释，那么管理者在下属面前的辩护就能做得更好。

转移注意力的策略也会受到企业行为的影响。卫斯理大学校长在 2009 年毕业典礼上的做法是一个很好的例子。那年正好我儿子毕业，典礼开始之前几周，一个学生在学校的一家书店意外被枪杀了。这为学校几周后即将举办的毕业典礼蒙上了一层阴影。在毕业典礼上，学校对受害学生和他的家人致以深深的哀悼，场面十分感人。尽管这一环节是毕业典礼很重要的一个组成部分，但它没有成为整个典礼的主角。这是因为在哀悼仪式之后，学校校长迈克尔·罗思（Michael Roth）巧妙地将大家的注意力转移到了当天的正常议程上：2009届学生的毕业典礼。

莫林斯基和马格里斯对注意力转移的分析表明，企业有很多种方式可以做到这一点。比如，当企业在如何传递坏消息方面为管理者提供了清晰而有感染力的指引时，管理者就能更多地把注意力放在传递过程，而不是消息本身令人痛苦的内容上。莫林斯基和马格里斯在研究中还发现，有些管理者通过有意识地将注意力从他们必须要做的事情转移到日常生活的积极因素上，来应对工作中的困境。正如某个管理者所说："我试图去想别的事情，比如，我的家人，你知道，我会去想我的孩子那天晚上将要参加的比赛。"[30]

同样，企业可以采用各种办法影响管理者的注意力。而且，转移注意力的具体方式尤其能帮助管理者应对艰难的时刻。把注意力放在强调员工的自尊感上是一种很有效的方式。在之前提到的研究中，我与马里厄斯·范迪克和尼尔斯·范夸克贝克发现，通过让员工更少地自我否定，从不同的视角看待问题，就能缓冲不公正过程带来的负面影响。比如，那些以不同角度看待不公正过程的受试者更倾向于认同如下陈述："我相信我在企业中有很好的声誉"，以及"企业中的大多数成员都很尊重我"。[31] 如果转移注意力是最有效的方式，如果它能带来自我认同，那么关于企业能做哪些事情，我们在图 3-1 中总结的内容就派上用场了。

打造参与和能力体系

关于企业能做些什么，我最后给出的建议要回到本书的开篇。引言部分一开始，我们提醒企业不要仅仅强调结果，不要只是告诉员工，"我不管你怎么实现它，我只要结果"。当然，结果很重要，但它也必须以正确的方式来实现。重要的不是结果或过程，而是结果和过程。大多数企业在强调结果的重要性方面做得很出色，但它们还有更多的工作要做。人们越来越意识到，评判一家企业表现如何，可以有很多衡量标准。今天人们谈论更多的标准是"利益相关人"，而不仅仅是"股东"。然而，大多数企业需要在衡量经营表现时更多地考虑过程管理，并为此做更多的工作。

第 2 章讨论了当企业引入变革时，需要构建参与和能力体系。这种体系包括正式的组织安排，以让员工投入到变革之中，愿意为变革目标而奋斗，并让他们具备应对变革的工作能力。这一体系还能在执行高品质过程中帮助管理者克服障碍。有些障碍与行为动机有关，比如，管理者不想执行高品质过程。克服动机障碍的一种方法是激发管理者不仅关注结果，还要关注过程。

这方面有一个很好的例子，就是百事可乐公司的多样性和包容性计划。发起这项计划的首席执行官史蒂夫·雷蒙德（Steve Reinemund）很关注公司如何管理不同身份的员工，即有色人种、少数族裔和女性员工。当雷蒙德在 2000 年开始掌舵公司时，公司在吸引、保留和培养多元化的员工方面做得非常糟糕。他开启了一项变革，改变了公司对管理者的评价和激励方式。除了常规的工作评价标准（实现利润目标），雷蒙德还引入了与员工相关的指标，其中一项就是评价管理者在尊重多样性和包容性方面做得如何。

员工评价指标也包括了绩效结果指标，而且对管理者的评价是从高层开始的。雷蒙德和他的高管团队的奖金不仅取决于公司的财务表现，还取决于他们在吸引、保留和培养多元化员工方面的表现。事实上，有一年，公司在经营上表现得非常好，但在员工多元化方面做得很差。为了给其他管理者树立榜样，也为了消除董事会的异议，雷蒙德以身作则，主动大幅降薪，而不是像在开展多样性和包容性计划之前那样，只用经营指标来决定奖金。[32]

该计划在公司全面铺开之后，百事可乐就不再只关注吸引、保留和培养多元化员工这些结果指标了。公司还关注管理者在推行该计划过程中的行为方式。通过这一做法，百事可乐向管理者传递的信息是，公司对他们的评价还要考虑过程管理的质量。实现该计划的目标很重要，但同样重要的是要以正确的方式实现目标。阿兰·丘奇（Allan Church），百事可乐公司的一位组织心理学研究者，牵头设计并打造了一个员工调查和管理者反馈的机制，以支持多样性和包容性计划的实施。比如，高管的奖金取决于他们得到的行为评价，"在工作或执行任务的时候，是否表达或意识到了公司的多元文化"。对于下一层的管理者，奖金取决于他们在多大程度上"支持积极而包容的工作环境，让所有员工都能感受到被尊重，工作价值被认可"。所有普通员工的奖励则基于他们的行为，"在与不同文化背景或有身份差异的同事打交道时，是否展现出对这种差异的歧视"。[33]

坦白讲，我应该承认，打造一个评价系统，基于过程和结果来评价决策和决策者，需要做大量的工作。比如，需要确认哪些行为违反了高品质过程的标准，需要准确评估各种行为方式，需要以员工愿意而且能够理解的方式提供反馈信息。所有这些工作都要花费时间和精力，这在一定程度上解释了为什么很多公司只使用结果评价标准。然而，不把过程管理纳入考核范畴，会让企业面临极大的风险。糟糕的过程通常会导致糟糕的结果，而出现这种结果只是时间早晚的问题。那些"没有时间"基于过程管理来评估决策和决策者的企业，由于从一开始就没能以正确的方式开展工作，最终也不大可能在随后出现问题时有时间去解决。需要再次强调，一定要先苦后甜，否则以后的代价会更大。

评估和评价系统能够帮助管理者克服实现高品质过程的障碍，但它不是唯一一种能力体系。有些企业使用了"事后行为评估"（After Action Reviews，AARs）机制，决策者被要求在事后反省，以改进过程和结果。很显然，事后行为评估机制的效果取决于如何使用它。玛丽莲·达林（Marilyn Darling）、查尔斯·帕里（Charles Parry）和约瑟夫·穆尔（Joseph Moore）的研究阐述了事后行为评估的一种有效方式。在诸多颇有价值的发现中，他们提到"事后"这个词被误解了。成功的事后行为评估的一项核心内容是"事前行为评估"（Before Action Review），也就是决策者需要明确他们想要实现什么目标，如何评估目标，预计会遇到哪些挑战，从过去类似的项目中学到了哪些东西，是什么让他们相信这次会取得成功。在事前回答这些问题有助于更好地完成事后的行为评估。[34] 关于过程公正的培训项目也是一种能力体系，可以帮助管理者克服障碍。[35]

参与和能力体系可以在两个层面上让过程管理更有效，一个是具体层面，一个是象征层面。在具体层面上，该体系能激励管理者关注行为过程，就像百事可乐公司的多样性和包容性计划使用的评价系统那样，同时也能让管理者学会如何更好地执行过程，就像事后行为评估或培训项目的例子那样。同样重要的是，参与和能力体系还具有象征价值。企业花大力气来打造这一体系，实际上就已经明确传递了这样一种信息：过程很重要！

1. 管理者在执行高品质过程中遇到的两方面障碍：

   知识与能力方面

   意愿与动机方面

2. 做好过程管理需要管理者良好地应对消极情绪，有如下几种方式：

   自我辩护

   隔离情绪

   释放情绪

   转移注意力

3. 高品质过程的核心特征在于，管理者必须以他人为中心

4. 要克服障碍，执行高品质过程，需要企业与管理者共担责任：

   提供培训

   帮助管理者控制消极情绪

   充分沟通，使管理者对困境有所预期

   允许管理者公开谈论消极情绪，重新审视评估遇到的问题

   打造参与和能力体系

06

打造高品质
过程的工具箱

工具 A　变革执行调查问卷

本调查问卷用于帮助管理者判断自己作为企业变革推动者的优势和劣势。请不要在未经本书作者同意的情况下使用。

本调查问卷的知识产权归属于本书作者。

你的姓名：＿＿＿＿＿＿＿＿＿＿＿

说　明：领导者通常会在规划和执行组织变革方面扮演重要角色。变革可以是企业层面上的，比如业绩增长、部门重组、流程再造、引入新技术、兼并或收购、搬迁新址。变革也可以发生在小一点的范围内，比如团队或部门内部。变革甚至可以是更小范围内的，比如当你试图改变下属或同事的行为方式时。以下问题涉及一个人在试图影响变革时的行为倾向，无论这一变革的范围有多大。

请指出你认为以下每一条陈述在多大程度上适用于你。采用如下评分量表：

1	2	3	4	5
完全不 适用于我		部分 适用于我		非常 适用于我

＿＿＿＿　1.　我清晰地向员工解释了，为什么当前的状况不发生变化是不可接受的。

＿＿＿＿　2.　我帮助员工获知相关信息（比如竞争形势和公司业绩），让员工自己思考何时进行变革以及为什么变革是必需的。

_____ 3. 我前瞻性地引入了变革，而不仅仅是为了应对当前面临的问题。

_____ 4. 我为员工强化了变革的紧迫感，即便当前的工作表现是令人满意的。

_____ 5. 我与员工沟通，让他们做好心理准备，企业的变革时刻都在进行。

注　意：第 6 至第 9 个问题中的"愿景"一词是指对企业未来的预想状态。

_____ 6. 在整个变革过程中，我经常提醒员工企业的愿景所在。

_____ 7. 我以一种员工能够理解的方式向他们传达企业的愿景。

_____ 8. 我传达的愿景能让员工感到振奋。

_____ 9. 我能让员工认可并参与实现愿景。

_____ 10. 在告知员工需要改变当前工作方式时，我对那些过去曾经有效的工作方式给予了肯定。

_____ 11. 当解释变革的性质时，我还解释了哪些方面不会发生变革。

_____ 12. 当引入变革时，我说到做到，身先士卒，做到变革要求的新的行为方式。

_____ 13. 在变革过程中，我努力确保员工至少会在某些任务上取得成绩。

_____ 14. 我主动公布员工支持变革的举动。

_____ 15. 我能了解各方关于变革的看法，是支持还是反对变革。

_____ 16. 我制订了一个行动计划，以争取让员工支持变革。

_____ 17. 我制订了一个行动计划，以应对反对变革的员工。

_____ 18. 我在意见领袖身上投入了额外的精力，以争取他们对变革的支持。

_____ 19. 在制订计划的过程中，我征求了很多人的意见，以便让计划执行到最佳程度。

_____ 20. 我将制订计划的工作分配给正确的人选，以争取他们对变革的支持。

注　意： 在第 21 和第 22 个问题中出现的"能力体系"一词，是指正式的组织安排，用于支持新的运营方式。它们包括但不限于招聘策略、培训项目、职业发展、评估和奖励系统、组织架构、任务团队等。

_____ 21. 我在打造能力体系过程中扮演了积极角色，而不是把工作留给他人去做。

_____ 22. 我与员工沟通，能力体系的变化如何代表了变革的方向。

_____ 23. 我以不同的方式向员工表达了关于变革的重要信息。

_____ 24. 在与员工沟通之后，我会评估他们理解信息的程度。

_____ 25. 我会给员工机会，让他们主动就变革进行沟通，比如通过办公室开放政策、办公场合巡视、会议中的问答环节等。

_____ 26. 在影响员工的重大变革发生之前，我会多次提前告知员工相关信息。

_____ 27. 在管理变革的过程中，我格外重视、尊重员工，让员工感到体面。

_____ 28. 我会详细地告诉员工如何执行变革。

_____ 29. 在变革过程中，我会寻求关于变革执行情况的反馈。

_____ 30. 我会根据反馈信息，调整相关计划。

_____ 31. 我会向员工表明，变革可能对他们而言是一件颇有挑战的事情。

_____ 32. 我会向员工提供学习机会，或者让他接受技能培训，以适应变革的要求。

_____ 33. 我开诚布公地让员工谈论他们对于变革的看法。

_____ 34. 在变革期间，我会向员工提供机会，让他们从事自己能够掌控的工作。

工具 B　变革执行调查问卷评分指引

变革管理行动步骤	相关问题序号		个人平均得分
分析变革的必要性（D）	1~2	得分之和 /2=	_____
创造紧迫感（D）	3~5	得分之和 /3=	_____
呈现愿景（V）	6~9	得分之和 /4=	_____
帮助员工与过去告别（P）	10~11	得分之和 /2=	_____
打造强有力的领导角色（P）	12~14	得分之和 /3=	_____
寻求政治和社会支持（P）	15~18	得分之和 /4=	_____
制订执行计划（P）	19~20	得分之和 /2=	_____
打造参与和能力体系（P）	21~22	得分之和 /2=	_____
沟通、关怀和诚实（P）	23~28	得分之和 /6=	_____
督导和改进（P）	29~30	得分之和 /2=	_____
降低变革成本（C）	31~34	得分之和 /4=	_____

● 变革 =（D×V×P）>C

D 代表对现状不满

V 代表为未来提供愿景

P 代表执行良好的变革过程

C 代表变革成本

● "行动步骤"中插入的字母代表该行动的类别

工具 C　聚焦调节评估

资料来源： P. Lockwood, C.H. Jordan, and Z. Kunda（2002），"Motivation by Positive or Negative Role Models: Regulatory Focus Determines Who Will Best Inspire Us," *Journal of Personality and Social Psychology* 83:854-64. Copyright © 2002 by the American Psychological Association. Reproduced with permission.

请指出你认为以下每一条陈述在多大程度上适用于你。

1	2	3	4	5
完全不 适用于我		部分 适用于我		非常 适用于我

_____ 1.　一般而言，我会尽量避免生活中发生负面事件。

_____ 2.　当我不能尽到责任和义务时，我会感到焦虑。

_____ 3.　我经常担心未来会成为自己很不想成为的那种人。

_____ 4.　我经常担心我难以实现自己的学业目标。

_____ 5.　我经常想象会经历那些我很害怕发生在自己身上的事情。

_____ 6.　我经常思考如何才能避免人生的失败。

_____ 7.　我更倾向于避免损失，而不是取得收益。

_____ 8.　我当前在学校的主要目标就是避免取得糟糕的学习成绩。

_____ 9.　我认为自己努力想要成为"应该"成为的那种人——履行好我的职责、责任和义务。

_____ 10.　我经常想象自己会如何实现愿望和抱负。

_____ 11.　我经常想象自己未来会成为哪种理想中的人物。

_____ 12.　我通常专注于如何能在未来获得成功。

_____ 13. 我经常思考如何在学业上取得成功。

_____ 14. 我当前在学校的主要目标就是获得最好的成绩。

_____ 15. 我认为自己是那种努力成为"理想自我"的人——实现我的梦想、愿望和抱负。

_____ 16. 一般而言，我致力于实现人生的积极目标。

_____ 17. 我经常想象自己会经历我很希望会发生在自己身上的好事。

_____ 18. 总体而言，我更倾向于实现成功，而不是避免失败。

评分说明： 陈述 1~9 评估防御倾向。你认同的陈述越多，说明你的防御倾向越强。陈述 10~18 评估成长倾向。你认同的陈述越多，说明你的成长倾向越强。

工具 D　工作聚焦调节评估

资料来源： M. J. Neubert，K. M. Kacmar，D. S. Carlson，L. B. Chonko, and J. A. Roberts（2008），"Regulatory Focus as a Mediator of the Influence of Initiating Structure and Servant Leadership on Employee Behavior," *Journal of Applied Psychology* 93: 1220–33. Copyright ©2008 by the American Psychological Association. Reproduced with permission.

请指出你认为以下每一条陈述在多大程度上适用于你。

1	2	3	4	5
完全不 适用于我		部分 适用于我		非常 适用于我

_____ 1. 我专注于很好地完成工作和任务，以增强我的工作安全感。

_____ 2. 在工作中我将注意力集中于完成我的本职工作。

_____ 3. 履行我的工作职责对我而言非常重要。

_____ 4. 在工作中，我努力不辜负别人赋予我的责任和职责。

_____ 5. 在工作中，我通常专注于完成那些能够增强我安全感的任务。

_____ 6. 我会尽我所能地避免给工作带来损失。

_____ 7. 在找工作的过程中，工作的安全感对我而言是一个很重要的因素。

_____ 8. 我会专注于避免工作上的失败。

_____ 9. 在避免给工作造成损失方面，我非常小心谨慎。

_____ 10. 我会在工作中抓住机会尽可能提升自己。

_____ 11. 为了实现成功，我倾向于在工作中冒一定风险。

_____ 12. 如果有机会参与一项高风险、高回报的项目，我绝对不会错过。

_____ 13. 如果我的工作不能让我不断进步，我会换一份新工作。

_____ 14. 找工作的时候，成长的机会对我而言是一个很重要的因素。

_____ 15. 我致力于完成那些能帮助我进步的工作。

_____ 16. 我花了大量时间思考如何实现我的梦想。

_____ 17. 我对梦想的清晰图景决定了我工作的优先次序。

_____ 18. 在工作中，我会被自己的梦想和抱负激励。

评分说明： 陈述 1~9 评估防御倾向。你认同的陈述越多，说明你的防御倾向越强。陈述 10~18 评估成长倾向。你认同的陈述越多，说明你的成长倾向越强。

工具 E "开放者"评估

资料来源： L. C. Miller, J. H. Berg, and R. L. Archer（1983），"Openers: Individuals Who Elicit Intimate Self-Disclosure，"*Journal of Personality and Social Psychology* 44: 1234–44. Copyright © 1983 by the American Psychological Association. Reproduced with permission.

请指出你认为以下每一条陈述在多大程度上适用于你。

1	2	3	4	5
完全不 适用于我		部分 适用于我		非常 适用于我

_____ 1. 人们经常向我倾诉他们的经历。

_____ 2. 我被认为是一个很好的倾听者。

_____ 3. 我很愿意接纳他人。

_____ 4. 人们相信我会保守他们的秘密。

_____ 5. 我很容易让人们敞开自己的内心。

_____ 6. 人们觉得跟我在一起很放松。

_____ 7. 我很享受倾听他人的故事。

_____ 8. 我很同情他人面临的困境。

_____ 9. 我鼓励人们告诉我他们的感受。

_____ 10. 我能让人们持续不断地讲述自己的故事。

工具 F 奥尔波特 – 弗农 – 林德西价值评估

资料来源： G. W. Allport，P. E. Vernon, and G. Lindzey（1970），*Study of Values, Revised 3rd Edition* (Chicago: Riverside Publishing). Courtesy of Robert Allport. Reproduced with permission.

1. **理论人：** 理论人主要对发现真理和系统性的知识体系感兴趣，这类人是经验主义的、批判的和理性的。

2. **经济人：** 经济人的行为主要以功利为导向。这类人对商业世界的具体事务、对使用经济资源和积累有形财富感兴趣。他们是完全的"实用主义者"，代表了典型的美国商人形象。

3. **艺术人：** 艺术人的主要兴趣在于生活的艺术方面，尽管这类人并不一定是很有创造力的艺术家。他们珍视形式和和谐，从优美、对称和协调等方面来看待各种体验。

4. **社会人：** 社会人的根本价值观是关爱他人——利他或慈善的那种爱。这类人将他人视为目的，倾向于友善、同情、慷慨地对待他人。

5. **政治人：** 政治人的特点是以权力为导向，不仅仅是在政治场合，还包括他能施展影响力的场合。大多数领导者都是权力导向很明确的人。

6. **宗教人：** 宗教人的心智结构总是指向至高无上的造物主和绝对令人满意的价值体验。他们的主流价值观就是合一（unity）。宗教人寻求以一种有意义的方式与宇宙取得联系，并具有神秘化的倾向。

工具 G　道德身份感评估

资料来源： K. Aquino and A. Reed II（2002），"The Self-Importance of Moral Identity," *Journal of Personality and Social Psychology* 83: 1423–40.Copyright ©2002 by the American Psychological Association. Reproduced with permission.

道德身份感用于评估道德品格对于我们看待自己有多重要。有些人会比其他人更看重道德身份感。

说　明：这里给出了一个人某些特征的描述：

体贴、有同情心、公正、友善、慷慨、乐于助人、勤奋、诚实、善良

具有这些特征的人可能是你，也可能是其他人。你需要花一点时间，在头脑中想象哪些人具有这些特征，想象他们是如何思考、感受和行动的。当你对这类人的形象形成一幅清晰的画面时，就可以回答以下问题了：

对于每一条陈述，你需要用 1~7 分进行打分，1 表示"强烈反对"，7 表示"强烈同意"。

1. 拥有这些特征会让我感觉良好。

2. 这些特征是一个人自我身份的重要组成部分。

3. 我为拥有这些特征的人感到羞耻。

4. 拥有这些特征对我而言并不那么重要。

5. 我十分渴望拥有这些特征。

评分说明：你对第 3 和第 4 个问题打出的分数要减去一个"8"，然后把 5 个问题的得分加在一起。分数越高，你的道德身份感就越强。

工具 H　情绪控制评估

资料来源： J. J. Gross and O. P. John（2003），"Individual Differences in Two Emotion Regulation Processes: Implications for Affect, Relationships, and Well-Being," *Journal of Personality and Social Psychology* 85: 348–62. Courtesy of James Gross. Reproduced with permission.

说　明： 请指出你认为以下每一条陈述在多大程度上适用于你。采用如下评分量表：

1 分：如果你强烈反对该陈述

2 分：如果你一般反对该陈述

3 分：如果你既不同意也不反对该陈述

4 分：如果你一般同意该陈述

5 分：如果你强烈同意该陈述

_____ 1.　我通过改变对所处环境的看法来控制自己的情绪。

_____ 2.　当我想要减少消极情绪时，我会改变对所处环境的看法。

_____ 3.　当我想要有更多积极情绪时，我会改变对所处环境的看法。

_____ 4.　当我想要有更多积极情绪时，我会改变自己的思维方式。

_____ 5.　当我想要减少消极情绪时，我会改变自己的思维方式。

_____ 6.　当我面对有压力的环境时，我会用某种思维方式帮助自己保持
　　　　　冷静。

引言　在结果至上的时代，为什么更应该关注过程

1. B. Carter, "Leno Blesses 'Tonight Show' Succession Plan," *New York Times*, April 3, 2013, C7.

2. J. Brockner and B. M. Wiesenfeld (1996), "An Integrative Framework for Explaining Reactions to Decisions: The Interactive Effects of Outcomes and Procedures," *Psychological Bulletin* 120: 189–208.

3. E. A. Locke (1968), "Toward a Theory of Task Motivation and Incentives," *Organizational Behavior and Human Performance* 3: 157–89.

4. E. Langer and J. Rodin (1976), "The Effects of Choice and Enhanced Personal Responsibility for the Aged: A Field Experiment in an Institutional Setting," *Journal of Personality and Social Psychology* 34:191–98.

5. J. S. Adams (1965), "Inequity in Social Exchange," in *Advances in Experimental Social Psychology*, ed. L. Berkowitz (New York: Academic Press), 267–99.

6. J. Thibaut and L. Walker (1975), *Procedural Justice: A Psychological Analysis* (Hillsdale, NJ: Erlbaum); E. A. Lind and T. R. Tyler (1988), *The Social Psychology of Procedural Justice* (New York: Plenum Press).

7. E. Sherman (2014), "Ford Fires 100 Factory Workers by Robocall on Halloween," http://jobs. aol.com/articles/2014/11/04/fired-fires-factory-workers-robocall-halloween/?icid=maing-grid7│htmlws-main-bb│dl18│sec1_lnk2%26pLid%3D557327. http://www.smh.com.au/technology/technology-news/oops-email-misfire-sacks-all-1300-staff-20120424-1xflp.html.

8. http://www. smh. com. au/technology/technology-news/oops-email-misfire-sacks-all-1300-staff-20120424-1xflp. html.

9. E. A. Lind, J. Greenberg, K. S. Scott, and T. D. Welchans (2000), "The Winding Road from Employee to Complainant: Situational and Psychological Determinants of Wrongful-Termination

Claims," *Administrative Science Quarterly* 45: 557–90.

10. W. L. Levinson, D. L. Roter, J. P. Mullooly, V. T. Dull, and R. M. Frankel (1997), "Physician-Patient Communication: The Relationship with Malpractice Claims among Primary Care Physicians and Surgeons," *Journal of the American Medical Association* 277: 553–59.

11. E. Rosenthal, "Pre-Med's New Priorities: Heart and Soul and Social Science," *New York Times*, April 13, 2012.

12. J. R. Hackman (1987), "The Design of Work Teams," in *Handbook of Organizational Behavior*, ed. J. Lorsch (Englewood Cliffs, NJ:Prentice-Hall),323.

13. M. Beer (1988), "Leading Change," Harvard Business School Background Note 488-037.

14. C. M. Steele (1988), "The Psychology of Self-Affirmation:Sustaining the Integrity of the Self," in *Advances in Experimental Social Psychology*,ed. L. Berkowitz (New York: Academic Press), 261–302.

15. D. M. Cable, F. Gino, and B. R. Staats (2013), "Breaking Them in or Eliciting Their Best? Reframing Socialization around Newcomers' Authentic Self-Expression," *Administrative Science Quarterly* 58:1–36.

01 要素一：两种公正，过程公正与结果公正

1. Adams, "Inequity in Social Exchange."

2. Thibaut and Walker, *Procedural Justice*; Lind and Tyler, *The Social Psychology of Procedural Justice*; R. Folger and J. Greenberg (1985), "Procedural Justice: An Interpretive Analysis of Personnel Systems," in *Research in Personnel and Human Resources Management*, ed.K. Rowland and G. Ferris (Greenwich, CT: JAI Press), 141–83.

3. G. S. Leventhal, J. Karuza, and W. R. Fry (1980), "Beyond Fairness: A Theory of Allocation Preferences," in *Justice and Social Interaction*,ed. G. Mikula (New York: Springer-Verlag), 167–218.

4. R. J. Bies (1987), "The Predicament of Injustice: The Management of Moral Outrage," in *Research in Organizational Behavior*, ed. L. L.Cummings and B. M. Staw (Greenwich, CT: JAI Press), 289–319.

5. Brockner and Wiesenfeld, "An Integrative Framework for Explaining Reactions to Decisions."

6. J. Brockner, M. Konovsky, R. Cooper-Schneider,R. Folger, C. Martin,and R. J. Bies (1994), "The Interactive Effects of Procedural Justice and Outcome Negativity on the Victims and Survivors of Job Loss," *Academy of Management Journal* 37: 397–409.

7. J. Brockner (2006), "Why It's So Hard to Be Fair," *Harvard Business Review* 84: 122–29.

8. J. Greenberg (1990a), "Looking Fair vs. Being Fair: Managing Impressions of Organizational

Justice," in *Research in Organizational Behavior*, ed. B. M. Staw and L. L. Cummings (Greenwich, CT: JAI Press), 111–57.

9. Lind et al., "The Winding Road from Employee to Complainant" ;Brockner et al., "The Interactive Effects of Procedural Justice and Outcome Negativity on the Victims and Survivors of Job Loss."

10. N. I. Eisenberger, M. D. Lieberman, and K. D. Williams (2003), "Does Rejection Hurt? An fMRI Study of Social Exclusion," *Science* 302: 290–92.

11. K. Van den Bos, J. Ham, E. A. Lind, M. Simonis, W. J. van Essen, and M. Rijpkema (2008), "Justice and the Human Alarm System: The Impact of Exclamation Points and Flashing Lights on the Justice Judgment Process," *Journal of Experimental Social Psychology* 44: 201–19.

12. R. C. Mayer, J. H. Davis, and F. D. Schoorman (1995), "An Integrative Model of Organizational Trust," *Academy of Management Review* 20: 709–34;D. M. Rousseau, S. B. Sitkin, R. S. Burt, and C. Camerer(1998), "Not So Different After All: A Cross-Discipline View of Trust," *Academy of Management Review* 23: 393–404.

13. J. Brockner, P. A. Siegel, J. Daly, T. R. Tyler, and C. Martin (1997), "When Trust Matters: The Moderating Effect of Outcome Favorability," *Administrative Science Quarterly* 42: 558–83.

14. E. C. Bianchi and J. Brockner (2012), "Dispositional Trust Predicts Employees' Perceptions of Procedural Fairness," *Organizational Behavior and Human Decision Processes* 118: 46–59.

15. P. Degoey (2000), "Contagious Justice: Exploring the Social Construction of Justice in Organizations," in *Research in Organizational Behavior*, ed. B. M. Staw and R. I. Sutton (Greenwich, CT: JAI Press), 51–102.

16. K. Van den Bos, J. Bruins, H. A. M. Wilke, and E. Dronkert (1999), "Sometimes Unfair Procedures Have Nice Aspects: On the Psychology of the Fair Process Effect," *Journal of Personality and Social Psychology* 77: 324–36.

17. J. Brockner (2002), "Making Sense of Procedural Fairness: How High Procedural Fairness Can Reduce or Heighten the Influence of Outcome Favorability," *Academy of Management Review* 27: 58–76;J. Brockner (2010), *A Contemporary Look at Organizational Justice:Multiplying Insult Times Injury* (New York: Routledge).

18. R. Janoff-Bulman(1979), "Characterological versus Behavioral Self-Blame:Inquiries into Depression and Rape," *Journal of Personality and Social Psychology* 37: 1798–1809.

19. C. S. Dweck (1999), *Self -Theories:Their Role in Motivation, Personality and Development* (Philadelphia: Psychology Press).

20. A. Grant, "Raising a Moral Child," *New York Times*, April 11, 2014.

21. T. Amabile and S. Kramer (2011), *The Progress Principle: Using Small Wins to Ignite Joy, Engagement, and Creativity at Work* (Boston: Harvard Business School Press).

22. Steele, "The Psychology of Self-Affirmation"；J. Brockner, D. Senior,and W. Welch (2014), "Corporate Volunteerism, the Experience of Self-Integrity,and Organizational Commitment: Evidence from the Field," *Social Justice Research* 27: 1–23.

23. R. Garonzik, J. Brockner, and P. A. Siegel (2000), "Identifying International Assignees at Risk for Premature Departure: The Interactive Effect of Outcome Favorability and Procedural Fairness," *Journal of Applied Psychology* 85: 13–20.

24. J. Greenberg (1994), "Using Socially Fair Treatment to Promote Acceptance of a Work Site Smoking Ban," *Journal of Applied Psychology* 79: 288–97.

25. J. Greenberg (1990b), "Employee Theft as a Reaction to Underpayment Inequity: The Hidden Cost of Pay Cuts," *Journal of Applied Psychology* 75: 561–68.

02 要素二：两种正确，做正确的事与正确地做事

1. J. O' Neill (2001), "Building Better Global Economic BRICs," Goldman Sachs Global Economic Paper: No. 66.

2. Beer, "Leading Change"；T. J. Jick (2002), "Managing Change," in *The Portable MBA in Management*, 2nd ed., ed. A. Cohen (New York:Wiley); J. P. Kotter (1996), *Leading Change* (Boston: Harvard Business School Press).

3. E. E. Morison (1966), *Men, Machines, and Modern Times* (Cambridge,MA: MIT Press).

4. Beer, "Leading Change."

5. Jick, "Managing Change."

6. E. Langer, A. Blank, and B. Chanowitz (1978), "The Mindlessness of Ostensibly Thoughtful Action: The Role of 'Placebic' Information in Interpersonal Interaction," *Journal of Personality and Social Psychology* 36: 635–42.

7. D. Kahneman and A. Tversky (1984), "Choices, Values, and Frames," *American Psychologist* 39: 341–50.

8. E. T. Higgins (1997), "Beyond Pleasure and Pain," *American Psychologist* 52: 1280–1300.

9. L. C. Idson, N. Liberman, and E. T. Higgins (2000), "Distinguishing Gains from Nonlosses and Losses from Nongains: A Regulatory Focus Perspective on Hedonic Intensity," *Journal of Experimental Social Psychology* 36: 252–74.

10. D. Van-Dijk and A. N. Kluger (2004), "Feedback Sign Effect on Motivation:Is It Moderated by Regulatory Focus?" *Applied Psychology: An International Review* 53: 113–35.

11. D. A. Stam, D. Van Knippenberg, and B. Wisse (2010), "The Role of Regulatory Fit in Visionary Leadership," *Journal of Organizational Behavior* 31: 499–518.

12. E. T. Higgins (1998), "Promotion and Prevention: Regulatory Focus as a Motivational Principle," in

Advances in Experimental Social Psychology,ed. M. P. Zanna (New York: Academic Press), 1–46.

13. *New York Times*, October 12, 2000, http://www.nytimes.com/2000/10/12/business/2-americans-win-the-nobel-for-economics.html.

14. Jick, "Managing Change."

15. B. F. Skinner (1972), *Beyond Freedom and Dignity* (New York: Vintage Books).

16. S. Kerr (1975), "On the Folly of Rewarding A While Hoping for B," *Academy of Management Journal* 18: 769–783.

17. A. Bandura (1977), *Social Learning Theory* (Oxford: Prentice-Hall).

18. J. P. Kotter and J. L. Heskett (1992), *Corporate Culture and Performance* (New York: The Free Press).

19. P. Lockwood, C. H. Jordan, and Z. Kunda (2002), "Motivation by Positive or Negative Role Models: Regulatory Focus Determines Who Will Best Inspire Us," *Journal of Personality and Social Psychology* 83: 854–64.

20. R. W. White (1959), "Motivation Reconsidered: The Concept of Competence," *Psychological Review* 66: 297–333.

21. Amabile and Kramer, *The Progress Principle*, 59.

22. Ibid., 71.

23. Ibid.

24. S. E. Asch (1951), "Effects of Group Pressure on the Modification and Distortion of Judgments," in *Groups, Leadership and Men*, ed.H. Guetzkow (Pittsburgh: Carnegie Press), 177–90.

25. L. Festinger (1954), "A Theory of Social Comparison Processes," *Human Relations* 7: 117–40.

26. J. Brockner et al. (1997), "The Effects on Layoff Survivors of Their Fellow Survivors' Reactions," *Journal of Applied Social Psychology* 10:835–63.

27. H. J. Leavitt (1951), "Some Effects of Certain Communication Patterns on Group Performance," *Journal of Abnormal and Social Psychology* 46: 38–50.

28. R. M. Kanter (1982), "Dilemmas of Managing Participation," *Organizational Dynamics* 11: 3–21.

29. S. Brill, "Code Red," *Time*, March 10, 2014.

30. A. P. Knight and M. Baer (2014), "Get Up, Stand Up: The Effects of a Non-Sedentary Workspace on Information Elaboration and Group Performance," *Social Psychological and Personality Science* 5:910–17.

31. D. Ames, L. B. Maissen, and J. Brockner (2012), "The Role of Listening in Interpersonal Influence," *Journal of Research in Personality* 46:345–49.

32. L. C. Miller, J. H. Berg, and R. L. Archer (1983), "Openers: Individuals Who Elicit Intimate Self-Disclosure," *Journal of Personality and Social Psychology* 44: 1234–44.

03 要素三：两种认同，他人认同与自我认同

1. Steele, "The Psychology of Self-Affirmation," 262.

2. Agency and influence reflect two of the main ways in which psychologists have discussed the concept of *control*. For self-determination theorists such as Edward Deci and Richard Ryan, control refers to agency, that is, how much people see themselves as being the initiators of their own behavior. To be agentic means that people see themselves as choosing what to do or not do. To not be agentic means that people see their behavior as due to forces outside of themselves. For other control theorists such as Julian Rotter and Martin Seligman, control refers to being influential, that is, how much people see a connection between what they do and the outcomes of what they do. To be influential means that people see their behavior as having an effect on their outcomes. To not be influential means that people perceive little or no relationship between their behavior and their outcomes; instead, outcomes are controlled by powerful others or by chance events; E. L. Deci and R. M. Ryan (1985), *Intrinsic Motivation and Self-Determination in Human Behaviour* (New York: Plenum Press); J. B. Rotter (1966), "Generalized Expectancies for Internal versus External Control of Reinforcement," *Psychological Monographs* 80: Whole No. 609; M.E.P. Seligman (2006), *Learned Optimism: How to Change Your Mind and Your Life* (New York: Alfred A. Knopf).

3. L. Festinger (1957), *A Theory of Cognitive Dissonance* (Stanford: Stanford University Press).

4. P. G. Zimbardo, M. Weisenberg, I. Firestone, and B. Levy (1965), "Communicator Effectiveness in Producing Public Conformity and Private Attitude Change," *Journal of Personality* 33: 233–55.

5. Steele, "The Psychology of Self-Affirmation."

6. B. M. Wiesenfeld, J. Brockner, and C. Martin (1999), "A Self-Affirmation Analysis of Survivors' Reactions to Unfair Organizational Downsizings," *Journal of Experimental Social Psychology* 35:441–60.

7. Beer, "Leading Change."

8. Cable, Gino, and Staats, "Breaking Them in or Eliciting Their Best?"

9. J. R. Hackman and G. R. Oldham (1980), *Work Redesign* (Reading, MA: Addison-Wesley).

10. A. Grant, E. M. Campbell, G. Chen, K. Cottone, D. Lapedis, and K. Lee (2007), "Impact and the Art of Motivation Maintenance: The Effects of Contact with Beneficiaries on Persistence Behavior," *Organizational Behavior and Human Decision Processes* 103: 53–67.

11. D. Kraft, "Radiologist Adds a Human Touch: Photos," *New York Times*, April 6, 2009.

12. A. Grant (2007), "Relational Job Design and the Motivation to Make a Prosocial Difference," *Academy of Management Review* 32:393–417.

13. A. Wrzesniewski, J. M. Berg, A. M. Grant, J. Kurkoski, and B. Welle (2015), "Job Mindsets: Achieving Long-Term Gains in Happiness at Work" (unpublished manuscript).

14. Langer and Rodin, "The Effects of Choice and Enhanced Personal Responsibility for the Aged."

15. A. Wrzesniewski and J. E. Dutton (2001), "Crafting a Job: Revisioning Employees as Active Crafters of Their Work," *Academy of Management Review* 26: 179–201.

16. Wrzesniewski et al., "Job Mindsets."

17. Ibid.

18. Ibid.

19. S. Shim, A. Crum, and A. Galinsky (2015), "The Grace of Control: How Reflecting on What We Can Control Increases Physiological and Psychological Well-Being" (unpublished manuscript).

20. C. M. Steele and J. Aronson (1995), "Stereotype Threat and the Intellectual Test Performance of African-Americans," *Journal of Personality and Social Psychology* 69: 797–811.

21. S. J. Spencer, C. M. Steele, and D. M. Quinn (1999), "Stereotype Threat and Women's Math Performance," *Journal of Experimental Social Psychology* 35: 4–28.

22. G. L. Cohen, J. Garcia, N. Apfel, and A. Master (2006), "Reducing the Racial Achievement Gap: A Social-Psychological Intervention," *Science* 313: 1307–10;G. L. Cohen, J. Garcia, V. Purdie-Vaughns, N. Apfel, and P. Brzustoski (2009), "Recursive Processes in Self-Affirmation: Intervening to Close the Minority Achievement Gap," *Science* 324: 400–403.

23. D. A. Stinson, C. Logel, S. Shepherd, and M. P. Zanna (2011), "Rewriting the Self-Fulfilling Prophecy of Social Rejection: Self-Affirmation Improves Relational Security and Social Behavior Up to 2 Months Later," *Psychological Science* 22: 1145–49.

24. G. B. Walton and G. L. Cohen (2011), "A Brief Social-Belonging Intervention Improves Academic and Health Outcomes of Minority Students," *Science* 331: 1447–51.

25. C. S. Dweck (2006), *Mindset: The New Psychology of Success* (New York: Random House).

26. W. Bridges (1988), *Surviving Corporate Transition: Rational Management in a World of Mergers, Start-Ups,Takeovers, Layoffs, Divestitures,Deregulation and New Technologies* (New York: Doubleday).

27. Wrzesniewski et al., "Job Mindsets."

28. S. Chen and H. Boucher (2008), "Relational Selves as Self-Affirmational Resources," *Journal of Research in Personality* 42:716–33.

29. S. Lyubomirsky (2008), *The How of Happiness: A Scientific Approach to Getting the Life You Want* (New York: Penguin Press).

30. J. Brockner, G. Spreitzer, A. Mishra, W. Hochwarter, L. Pepper, and J. Weinberg (2004), "Perceived Control as an Antidote to the Negative Effects of Layoffs on Survivors' Organizational Commitment and Job Performance," *Administrative Science Quarterly* 49: 76–100.

31. C. D. Zatzick and R. D. Iverson (2006), "High-Involvement Management and Workforce Reduction: Competitive Advantage or Disadvantage?" *Academy of Management Journal* 49: 999–1015.

32. Brockner, Senior, and Welch, "Corporate Volunteerism."

33. M. DeMichele (1994), "Overcoming Barriers with a Change-Ready Culture" (paper presented to the Academy of Management Conference, Dallas).

34. K. Roloff, J. Brockner, and B. M. Wiesenfeld (2012), "The Role of Process Fairness Authenticity in 21st Century Negotiations," in *The Psychology of Negotiations in the 21st Century Workplace: New Challenges and New Solutions*, ed. B. M. Goldman and D. L. Shapiro (New York: Routledge/Taylor & Francis Group), 45–73.

35. Zatzick and Iverson, "High-Involvement Management and Workforce Reduction."

36. J. Schimel, J. Arndt, K. M. Banko, and A. Cook (2004), "Not All Self-Affirmations Were Created Equal: The Cognitive and Social Benefits of Affirming the Intrinsic (vs.) Extrinsic Self," *Social Cognition* 22: 75–99.

37. D. K. Sherman, G. L. Cohen, L. D. Nelson, A. D. Nussbaum, D. P. Bunyan, and J. Garcia (2009), "Affirmed Yet Unaware: Exploring the Role of Awareness in the Process of Self-Affirmation," *Journal of Personality and Social Psychology* 97: 745–64.

38. E. G. Clary, M. Snyder, R. D. Ridge, J. Copeland, A. A. Stukas, and J. Haugen et al. (1998), "Understanding and Assessing the Motivations of Volunteers: A Functional Approach," *Journal of Personality and Social Psychology* 74: 1516–30.

39. Brockner, Senior, and Welch, "Corporate Volunteerism."

40. D. K. Sherman, D. P. Bunyan, J. D. Creswell, and L. M. Jaremka (2009), "Psychological Vulnerability and Stress: The Effects of Self-Affirmation on Sympathetic Nervous System Responses to Naturalistic Stressors," *Health Psychology* 28: 554–62.

04 要素四：两种行为，伦理行为与非伦理行为

1. B. L. Toffler with J. Reingold (2003), *Final Accounting: Ambition, Greed, and the Fall of Arthur Andersen* (New York: Broadway Books).

2. L. K. Treviño and M. E. Brown (2004), "Managing to Be Ethical: Debunking Five Business Ethics Myths," *Academy of Management Executive* 18: 69–81, quote on p. 74.

3. Greenberg, "Employee Theft as a Reaction to Underpayment Inequity."

4. L. K. Treviño and G. R. Weaver (2001), "Organizational Justice and Ethics Program Follow Through: Influences on Employees' Helpful and Harmful Behavior," *Business Ethics Quarterly* 11: 651–71, quote on p. 74.

5. Leventhal, Karuza, and Fry, "Beyond Fairness."

6. R. Folger (2001), "Fairness as Deonance," in *Research in Social Issues in Management*, ed. S. W. Gilliland, D. D. Steiner, and D. P. Skarlicki (Greenwich, CT: Information Age), 3–31.

7. Thibaut and Walker, *Procedural Justice*.

8. Lind and Tyler, *The Social Psychology of Procedural Justice*.

9. K. Aquino and A. Reed II (2002), "The Self-Importance of Moral Identity," *Journal of Personality and Social Psychology* 83: 1423–40.

10. D.X.H. Wo and M. L. Ambrose (2014), "A Multiple Mediator Model of Trickle-Down Effects," in *The Social Dynamics of Organizational Justice*, ed. S. W. Gilliland, D. P. Steiner, and D. P. Skarlicki (Charlotte,NC: Information Age Publishing).

11. D. P. Skarlicki, D. D. van Jaarsveld, and D. D. Walker (2008), "Getting Even for Customer Mistreatment: The Role of Moral Identity in the Relationship between Customer Interpersonal Injustice and Employee Sabotage," *Journal of Applied Psychology* 93: 1335–47.

12. M. L. Ambrose, M. Schminke, and D. M. Mayer (2013), "Trickle-Down Effects of Supervisor Perceptions of Interactional Justice: A Moderated Mediation Approach," *Journal of Applied Psychology* 98: 678–89.

13. A. W. Gouldner (1960), "The Norm of Reciprocity: A Preliminary Statement," *American Sociological Review* 25: 161–78;E. Fehr and J. Henrich (2003), "Is Strong Reciprocity a Maladaptation? On the Evolutionary Foundations of Human Altruism," in *Genetic and Cultural Evolution of Cooperation*, ed. P. Hammerstein (Cambridge, MA:MIT Press), 55–82.

14. Wo and Ambrose, "A Multiple Mediator Model of Trickle-Down Effects."

15. Bandura, *Social Learning Theory*.

16. Ambrose, Schminke, and Mayer, "Trickle-Down Effects of Supervisor Perceptions of Interactional Justice"；L. Altizer (2013), "Turn Culture into Competitive Advantage: Lessons from Recent Risk Management Failures," *Life Science Compliance* 2: 6–15.

17. F. Gino, M. I. Norton, and D. Ariely (2010), "The Counterfeit Self: The Deceptive Costs of Faking It," *Psychological Science* 21: 712–20, quote on p. 712.

18. E. Aronson and D. R. Mettee (1968), "Dishonest Behavior as a Function of Differential Levels of Induced Self-Esteem," *Journal of Personality and Social Psychology* 9: 121–27.

19. K. D. Vohs and J. W. Schooler (2008), "The Value of Believing in Free Will: Encouraging a Belief in Determinism Increases Cheating," *Psychological Science* 19: 49–54.

20. E. Boshoff and E. S. van Zyl (2011), "The Relationship between Locus of Control and Ethical Behaviour among Employees in the Financial Sector," *Koers* 76: 283–303.

21. J. B. Pryor, F. X. Gibbons, R. A. Wicklund, R. H. Fazio, and R. Hood(1977), "Self-Focused Attention and Self-Report Validity," *Journal of Personality* 45: 513–27.

22. L. L. Shu, N. Mazar, F. Gino, D. Ariely, and M. H. Bazerman (2012), "Signing at the Beginning Makes Ethics Salient and Decreases Dishonest Self-Reports in Comparison to Signing at the End," *Proceedings of the National Academy of Sciences* 109: 15197–200.

23. W. B. Swann Jr. (2012), "Self-Verification Theory," in *Handbook of Theories of Social Psychology*, ed. P. Van Lang, A. Kruglanski, and E. T. Higgins (London: Sage), 23–42.

24. Aquino and Reed, "The Self-Importance of Moral Identity."

25. W. James (1890), *The Principles of Psychology* (New York: H. Holt and Company).

26. R. F. Baumeister, E. Bratslavsky, M. Muraven, and D. M. Tice (1998), "Ego Depletion: Is the Active Self a Limited Resource?" *Journal of Personality and Social Psychology* 74: 1252–65.

27. M. S. Hagger, C. Wood, C. Stiff, and N. L. D. Chatzisarantis (2010), "Ego Depletion and the Strength Model of Self-Control: A Meta-Analysis," *Psychological Bulletin* 136: 495-525, quote on p. 496.

28. A. Hochschild (1983), *The Managed Heart: The Commercialization of Human Feeling* (Berkeley: University of California Press).

29. K. DeCelles and S. Sonenshein (2015), "Temper or Tempered? How Anger Stifles Motivation among Social Change Agents in Organizations" (unpublished manuscript).

30. Baumeister et al., "Ego Depletion."

31. F. Gino, M. E. Schweitzer, N. L. Mead, and D. Ariely (2011), "Unable to Resist Temptation: How Self-Control Depletion Promotes Unethical Behavior," *Organizational Behavior and Human Decision Processes* 115: 191–203.

32. M. Kouchaki and I. Smith (2014), "The Morning Morality Effect:The Influence of Time of Day on (Un)ethical Behavior," *Psychological Science* 25: 95–102,quote on p. 95.

33. I. L. Janis (1982), *Groupthink: Psychological Studies of Policy Decisions and Fiascoes* (Boston: Houghton Mifflin).

34. S. Danziger, J. Levav, and L. Avnaim-Pesso (2011), "Extraneous Factors in Judicial Decisions," *Proceedings of the National Academy of Sciences* 108: 6889–92.

35. H. Xu, L. Bègue, and B. J. Bushman (2012), Too Fatigued to Care:Ego Depletion, Guilt, and Prosocial Behavior, *Journal of Experimental Social Psychology* 48: 1183–86.

36. Gino et al., "Unable to Resist Temptation."

37. B. L. Toffler (1986), *Tough Choices: Managers Talk Ethics* (New York: Wiley).

38. A. C. Merritt, D. A. Effron, and B. Monin (2010), "Moral Self-Licensing:When Being Good Frees Us to Be Bad," *Social and Personality Psychology Compass* 4: 344–57,quote on p. 344.

39. J. J. Clarkson, E. R. Hirt, L. Jia, and M. B. Alexander (2010), "When Perception Is More than Reality: The Effects of Perceived versus Actual Resource Depletion on Self-Regulatory Behavior," *Journal of Personality and Social Psychology* 98: 29–46.

40.　D. M. Tice, R. F. Baumeister, D. Shmueli, and M. Muraven (2007), "Restoring the Self: Positive Affect Helps Improve Self-Regulation Following Ego Depletion," *Journal of Experimental Social Psychology* 43: 379–84.

41.　B. J. Schmeichel and K. Vohs (2009), "Self-Affirmation and Self-Control: Affirming Core Values Counteracts Ego Depletion," *Journal of Personality and Social Psychology* 96: 770–82.

42.　M. Muraven and E. Slessareva (2003), "Mechanisms of Self-Control Failure: Motivation and Limited Resources," *Personality and Social Psychology Bulletin* 29: 894–906.

43.　Ibid.

44.　X. Zhou, K. D. Vohs, and R. F. Baumeister (2009), "The Symbolic Power of Money: Reminders of Money Alter Social Distress and Physical Pain," *Psychological Science* 20: 700–706.

45.　H. C. Boucher and M. N. Kofos (2012), "The Idea of Money Counteracts Ego Depletion Effects," *Journal of Experimental Social Psychology* 48: 804–10.

46.　M. Kouchaki, K. Smith-Crowe, A. P. Brief, and C. Sousa (2013), "Seeing Green: Mere Exposure to the Concept of Money Triggers Unethical Behavior," *Organizational Behavior and Human Decision Processes* 121: 53–61.

47.　Grant et al., "Impact and the Art of Motivation Maintenance."

48.　E. L. Deci, R. Koestner, and R. M. Ryan (1999), "A Meta-Analytic Review of Experiments Examining the Effects of Extrinsic Rewards on Intrinsic Motivation," *Psychological Bulletin* 125: 627–68.

49.　A. Wrzesniewski, B. Schwartz, X. Cong, M. Kane, A. Omar, and T. Kolditz (2014), "Multiple Types of Motives Don't Multiply the Motivation of West Point Cadets," *Proceedings of the National Academy of Sciences* 111: 10990–95.

50.　C. Barnes, J. Schaubroeck, M. Huth, and S. Ghumman (2011), "Lack of Sleep and Unethical Conduct," *Organizational Behavior and Human Decision Processes* 115: 169–80.

51.　E. Abrahamson (2004), *Change without Pain: How Managers Can Overcome Initiative Overload, Organizational Chaos, and Employee Burnout* (Boston: Harvard Business School Press).

05 做好过程管理

1.　A. Hartocollis and E. G. Fitzsimmons, "Tested Negative for Ebola, Nurse Criticizes Her Quarantine," *New York Times*, October 25,2014.

2.　Langer and Rodin, "The Effects of Choice and Enhanced Personal Responsibility for the Aged."

3.　Cable, Gino, and Staats, "Breaking Them in or Eliciting Their Best?"

4.　Cohen et al., "Recursive Processes in Self-Affirmation."

5.　Kouchaki and Smith, "The Morning Morality Effect."

6. A. L. Molinsky and J. D. Margolis (2005), "Necessary Evils and Interpersonal Sensitivity in Organizations," *Academy of Management Review* 30: 245–68.

7. Brockner and Wiesenfeld, "An Integrative Framework for Explaining Reactions to Decisions."

8. A. L. Molinsky and J. D. Margolis (2006), "The Emotional Tightrope of Downsizing: Hidden Challenges for Leaders and Their Organizations," *Organizational Dynamics* 35: 145–59.

9. Ibid.

10. D. B. Whiteside and L. J. Barclay (2014), "The Effects of Depletion on Fair Behavior: When Wanting to Be Fair Isn't Enough" (paper presented to the Academy of Management Conference, Philadelphia).

11. K. DeCelles, S. Agasi, and A. Rafaeli (2015), "Antecedents of Air Rage:Examining the Contextual Predictors and Psychological Mechanisms of Customer Mistreatment" (unpublished manuscript).

12. N. B. Rothman, S. Wheeler-Smith, B. M. Wiesenfeld, and A. Galinsky (2015), "Gaining Power but Losing Status: Why Unfair Leaders Are Selected over Fair Leaders" (unpublished manuscript).

13. Ibid.

14. Lind and Tyler, *The Social Psychology of Procedural Justice.*

15. Rothman et al., "Gaining Power."

16. A. L. Molinsky, A. M. Grant, and J. D. Margolis (2012), "The Bedside Manner of Homo Economicus: How and Why Priming an Economic Schema Reduces Compassion," *Organizational Behavior and Human Decision Processes* 119: 27–37.

17. Ibid.

18. B. M. Wiesenfeld, J. Brockner, and V. Thibault (2000), "Procedural Fairness, Managers' Self-Esteem, and Managerial Behaviors Following a Layoff," *Organizational Behavior and Human Decision Processes* 83: 1–32.

19. S. G. Barsade (2002), "The Ripple Effect: Emotional Contagion and Its Influence on Group Behavior," *Administrative Science Quarterly* 47: 644–75.

20. Wiesenfeld, Brockner, and Thibault, "Procedural Fairness."

21. Rothman et al., "Gaining Power."

22. M. Van Dijke, N. Van Quaquebeke, and J. Brockner (2015), "In Self-Defense: Reappraisal but Not Suppression Buffers the Negative Impact of Low Procedural Justice on Cooperation" (unpublished manuscript).

23. J. J. Gross and O. P. John (2003), "Individual Differences in Two Emotion Regulation Processes: Implications for Affect, Relationships,and Well-Being," *Journal of Personality and Social Psychology* 85:348–62.

24. Molinsky and Margolis, "The Emotional Tightrope of Downsizing."

25. D. P. Skarlicki and G. P. Latham (2005), "Can Leaders Be Trained to Be Fair?" in *Handbook*

of Organizational Justice, ed. J. Greenberg and J. Colquitt (Mahwah, NJ: Lawrence Erlbaum Associates), 499–524.

26. Ibid.

27. J. Greenberg (2006), "Losing Sleep over Organizational Injustice: Attenuating Insomniac Reactions to Underpayment Inequity with Supervisory Training in Interactional Justice," *Journal of Applied Psychology* 91: 58–69.

28. J. P. Wanous (1980), *Organizational Entry: Recruitment, Selection, and Socialization of Newcomers* (Reading, MA: Addison-Wesley).

29. Molinsky and Margolis, "The Emotional Tightrope of Downsizing."

30. Ibid.

31. Van Dijke, Van Quaquebeke, and Brockner, "In Self-Defense."

32. D. A. Thomas and S. Creary (2009), "Meeting the Diversity Challenge at PepsiCo: The Steve Reinemund Era," Harvard Business School Case 410-024.

33. Allan Church, personal communication with the author.

34. M. Darling, C. Parry, and J. Moore (2005), "Learning in the Thick of It," *Harvard Business Review* 83: 84–92.

35. Skarlicki and Latham, "Can Leaders Be Trained to Be Fair?"

未来，属于终身学习者

我这辈子遇到的聪明人（来自各行各业的聪明人）没有不每天阅读的——没有，一个都没有。巴菲特读书之多，我读书之多，可能会让你感到吃惊。孩子们都笑话我。他们觉得我是一本长了两条腿的书。

——查理·芒格

互联网改变了信息连接的方式；指数型技术在迅速颠覆着现有的商业世界；人工智能已经开始抢占人类的工作岗位……

未来，到底需要什么样的人才？

改变命运唯一的策略是你要变成终身学习者。未来世界将不再需要单一的技能型人才，而是需要具备完善的知识结构、极强逻辑思考力和高感知力的复合型人才。优秀的人往往通过阅读建立足够强大的抽象思维能力，获得异于众人的思考和整合能力。未来，将属于终身学习者！而阅读必定和终身学习形影不离。

很多人读书，追求的是干货，寻求的是立刻行之有效的解决方案。其实这是一种留在舒适区的阅读方法。在这个充满不确定性的年代，答案不会简单地出现在书里，因为生活根本就没有标准确切的答案，你也不能期望过去的经验能解决未来的问题。

湛庐阅读APP：与最聪明的人共同进化

有人常常把成本支出的焦点放在书价上，把读完一本书当作阅读的终结。其实不然。

> 时间是读者付出的最大阅读成本
> 怎么读是读者面临的最大阅读障碍
> "读书破万卷"不仅仅在"万"，更重要的是在"破"！

现在，我们构建了全新的"湛庐阅读"APP。它将成为你"破万卷"的新居所。在这里：

- 不用考虑读什么，你可以便捷找到纸书、有声书和各种声音产品；
- 你可以学会怎么读，你将发现集泛读、通读、精读于一体的阅读解决方案；
- 你会与作者、译者、专家、推荐人和阅读教练相遇，他们是优质思想的发源地；
- 你会与优秀的读者和终身学习者为伍，他们对阅读和学习有着持久的热情和源源不绝的内驱力。

从单一到复合，从知道到精通，从理解到创造，湛庐希望建立一个"与最聪明的人共同进化"的社区，成为人类先进思想交汇的聚集地，与你共同迎接未来。

与此同时，我们希望能够重新定义你的学习场景，让你随时随地收获有内容、有价值的思想，通过阅读实现终身学习。这是我们的使命和价值。

湛庐阅读APP玩转指南

湛庐阅读APP结构图:

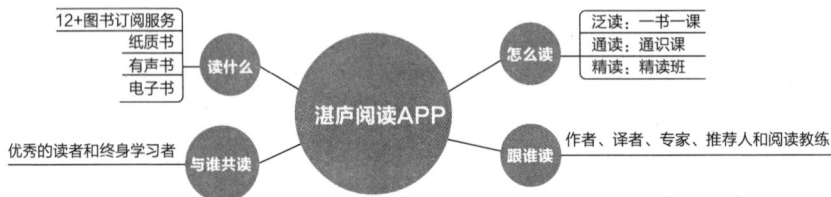

12+图书订阅服务
纸质书
有声书
电子书

读什么

湛庐阅读APP

怎么读

泛读:一书一课
通读:通识课
精读:精读班

优秀的读者和终身学习者

与谁共读

跟谁读

作者、译者、专家、推荐人和阅读教练

三步玩转湛庐阅读APP:

读一读 ▼

湛庐纸书一站买,
全年好书打包订

书城

听一听 ▼

泛读、通读、精读,
选取适合你的阅读方式

扫一扫 ▼

买书、听书、讲书、
拆书服务,一键获取

扫一扫

APP获取方式:
安卓用户前往各大应用市场、苹果用户前往APP Store
直接下载"湛庐阅读"APP,与最聪明的人共同进化!

使用APP扫一扫功能，
遇见书里书外更大的世界！

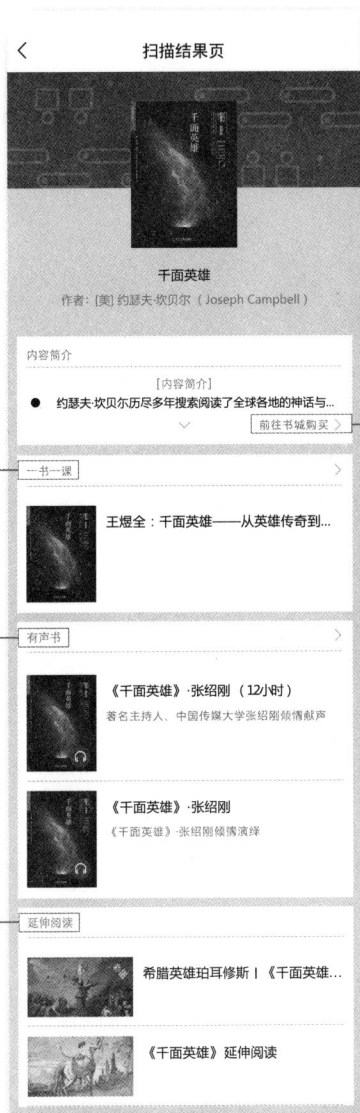

扫描结果页

千面英雄
作者：[美] 约瑟夫·坎贝尔（Joseph Campbell）

内容简介

[内容简介]
● 约瑟夫·坎贝尔历尽多年搜索阅读了全球各地的神话与...

前往书城购买 >

快速了解本书内容，
湛庐千册图书一键购买！

一书一课 >

王煜全：千面英雄——从英雄传奇到...

大咖优质课、
献声朗读全本一键了解，
为你读书、讲书、拆书！

有声书 >

《千面英雄》·张绍刚（12小时）
著名主持人、中国传媒大学张绍刚倾情献声

《千面英雄》·张绍刚
《千面英雄》·张绍刚倾情演绎

你想知道的彩蛋
和本书更多知识、资讯，
尽在延伸阅读！

延伸阅读

希腊英雄珀耳修斯 | 《千面英雄...

《千面英雄》延伸阅读

延伸阅读

《驱动力》

◎ 趋势专家、畅销书作者丹尼尔·平克的最新著作。他颠覆了传统的激励理念："给我奖励，我就更努力"，提出了具有颠覆性的有关积极性的理论：真正驱动我们的是第三种驱动力。

◎ 奇虎360公司董事长兼CEO周鸿祎、易观国际CEO于扬、恒信钻石董事长李厚霖、知名互联网专家王煜全、《IT经理世界》执行主编贺志刚、《中国经营报》常务副总编王立鹏、《长尾理论》作者克里斯·安德森、《世界是平的》作者托马斯·弗里德曼鼎力推荐。

《工作现场优选守则》

◎ 美国政府、世界银行、丰田公司等组织都在使用的高绩效管理工具箱！通过大量有趣直观的图片，揭示高绩效团队背后的通用模式！

◎ 如何有效激励团队，唤起成员的意义感？
如何打造团队的战斗力，提升团队的效率？
团队内部如何实现更好的沟通与配合？
团队中出现分歧、发生分裂时该怎么办？

《奈飞文化手册》

◎ 奈飞前CHO帕蒂·麦考德颠覆之作，下载超过1500万次的"硅谷重要文件"的深度解读。

◎ 高瓴资本创始人张磊，优客工场创始人毛大庆，爱奇艺创始人龚宇，《哈佛商业评论》中文版主编何刚，奈飞创始人里德·哈斯廷斯，艾默生集团的创始人和总裁劳伦·鲍威尔·乔布斯，沃比·帕克的联合创始人尼尔·布卢门撒尔和戴夫·吉尔博联袂力荐！

《时机管理》

◎ "全球50位最具影响力的思想家"之一、《全新思维》《驱动力》作者丹尼尔·平克全新力作！

◎ 上市之初即登上《纽约时报》畅销书榜、《华尔街日报》畅销书榜、《华尔街晚报》畅销书榜，入选business insider 2018年度最值得阅读的领导力书籍，得到《赫芬顿邮报》《卫报》《自然》《时尚芭莎》等主流杂志一致推荐。

ISBN 978-7-213-08748-6

ISBN 978-7-213-08935-0

ISBN 978-7-5536-7805-4

ISBN 978-7-5536-7398-1

图书在版编目（CIP）数据

过程决定成败 /（美）乔尔·布罗克纳著；王培译 .
-- 杭州：浙江人民出版社，2019.3
书名原文：The Process Matters
ISBN 978-7-213-09201-5

Ⅰ.①过… Ⅱ.①乔…②王… Ⅲ.①管理学 Ⅳ.
① C93

中国版本图书馆 CIP 数据核字（2019）第 030459 号

浙 江 省 版 权 局
著作权合同登记章
图字：11-2018-375号

上架指导：企业管理

过程决定成败

［美］乔尔·布罗克纳　著

王培　译

出版发行：浙江人民出版社（杭州体育场路 347 号　邮编　310006）
　　　　　　市场部电话：（0571）85061682　85176516

集团网址：浙江出版联合集团　http://www.zjcb.com

责任编辑：傅　越

责任校对：朱　妍

印　　刷：石家庄继文印刷有限公司

开　　本：720mm×965mm 1/16　　　　印　　张：15.75

字　　数：190 千字

版　　次：2019 年 3 月第 1 版　　　　印　　次：2019 年 3 月第 1 次印刷

书　　号：ISBN 978-7-213-09201-5

定　　价：69.90 元